ÉCRIN DE LA JEUNE FEMME

LA VIE

D'UNE

FEMME DU MONDE

II

LA VIE

D'UNE

FEMME DU MONDE

PAR

Mᵐᵉ JULES SAMSON

Ouvrage couronné par l'Académie française

PARIS

A. HENNUYER, IMPRIMEUR-ÉDITEUR

47, RUE LAFFITTE, 47

Ⓒ

PRÉFACE

Dans mon précédent ouvrage sur l'éducation [1] j'ai essayé de donner des conseils pratiques sur la manière d'élever les jeunes filles dans la famille. Cet ouvrage, couronné par l'Académie française, m'a valu de précieux témoignages de sympathie et un succès auquel j'étais loin de m'attendre.

Devant cet accueil, et les encouragements venus de si haut, je crois devoir céder aux nombreuses sollicitations qui me sont adressées, d'étendre aux jeunes femmes les avis que j'ai donnés aux jeunes filles.

Mon nouvel ouvrage, tout en ayant son intérêt particulier, est, néanmoins, relié au premier par l'enchaînement naturel du sujet. J'ai repris la vie de l'héroïne et des principaux personnages d'*une Éducation dans la famille* au point où

---

1. *Une Éducation dans la famille.*

je l'avais laissée, et j'offre ainsi la démonstration de l'influence qu'exerce une bonne éducation sur toute la vie.

Si ce livre peut épargner aux jeunes femmes quelques difficultés, ou les éclairer sur un point douteux ; s'il peut leur faire quelque bien en leur traçant le chemin à suivre dans les phases diverses de leur existence ; s'il peut leur être utile, en leur offrant, d'un côté, le fortifiant exemple d'une femme sensée qui, en véritable épouse chrétienne et par sa force morale, a su conserver parfaite l'union dans son ménage, et de l'autre, l'affligeant spectacle d'une femme frivole, uniquement occupée de sa parure et de ses plaisirs ; si, enfin, il leur démontre efficacement que leur devoir est d'entretenir et au besoin de faire naître l'esprit de famille dans leur intérieur, j'aurai obtenu le résultat que je me suis efforcée d'atteindre.

LA VIE

D'UNE

FEMME DU MONDE

CHAPITRE I

LA MATINÉE DE CONTRAT.

Dans un grand salon d'élégance sévère, une foule brillante se pressait. C'était la matinée de contrat de Mlle Marthe Le Perrier et de M. Raymond Chamblay. L'appartement était décoré de plantes rares et d'une profusion de fleurs, du milieu desquelles émergeaient de magnifiques gerbes de roses blanches, de camélias, de lilas blanc et de gardénias[1].

Dans le salon principal se tenaient Mme Le Perrier et sa fille, Mme Chamblay mère et son fils, puis les parents et les amis intimes. Un

---

[1]. La matinée de contrat s'est substituée peu à peu à la soirée, qui était encore en faveur il y a quelques années. Les matinées de contrat ont lieu de trois à sept heures; on y porte la toilette de ville. Les dames sont en robes montantes, généralement claires, et en chapeaux; les hommes sont en redingote et en cravate noire.

lunch était servi au buffet, dans la salle à
manger.

L'assistance était nombreuse et défilait devant
les fiancés, ainsi qu'il est fait à la sacristie le jour
du mariage.

Au milieu de la pièce était placée une table
pour le notaire. L'attrait de ces sortes de fêtes,
c'est l'exposition de la corbeille et des cadeaux.
Parfois on y joint celle du trousseau ; mais, par
un sentiment de réserve, Marthe avait désiré
que son trousseau fût placé dans un petit salon à
part, où, seules, ses amies auraient accès. Tout
autour du salon on pouvait admirer les riches
objets qui composaient la corbeille et le véritable
musée d'objets d'art offerts par les parents et par
les amis des fiancés.

Le notaire fut exact. Autour de lui se grou-
pèrent la famille et les invités selon leur degré
d'intimité. La fiancée, charmante dans sa toilette de pékin rose pâle, regardait tour à tour sa
mère et son futur mari, de ses grands yeux doux
et chargés de tendresse, tandis que M. Raymond
Chamblay, grave et ému, paraissait absorbé
dans la contemplation de la belle enfant qui lui
souriait. C'est que ce mariage, qui satisfaisait en
tous points les convenances, était aussi un mariage d'inclination.

Fidèle à ses principes, Mme Le Perrier n'avait admis dans son intimité que des jeunes gens dont le caractère lui inspirait assez d'estime pour que sa fille bien-aimée pût sans danger choisir un mari parmi eux.

Le choix de Marthe s'était porté sur M. Raymond Chamblay. Dès la première heure, ces deux êtres si bons, si sincères, si semblables par la loyauté de l'âme, s'étaient sentis attirés l'un vers l'autre, et bientôt cette sympathie spontanée s'était changée en un sentiment plus tendre.

Raymond Chamblay, dont la fortune égalait celle de Marthe, n'appartenait pas à cette classe de désœuvrés qui s'imaginent avoir payé leur dette à la société en dépensant consciencieusement leur revenu. Après de brillantes études, il était sorti de l'École centrale dans les premiers rangs. Poussé par sa vocation vers les grandes affaires industrielles, il s'était servi de ses connaissances spéciales et de ses capitaux pour s'associer aux œuvres de progrès qui avaient pour but d'améliorer ou d'étendre l'industrie du pays. Les conquêtes pacifiques étaient, selon lui, le moyen le plus efficace d'augmenter la prospérité de la France, et il voulait apporter son grain de sable à l'édifice national.

Une telle nature était bien faite pour plaire à
la fille de Mme Le Perrier, cette enfant dont l'éducation avait été dirigée vers le beau et vers le
bien. De plus, M. Chamblay était un homme d'esprit aimable, de façons exquises, aimant la famille et ayant toujours vécu avec sa mère. Là
était, pour Mme Le Perrier, le point noir de ce
mariage, qui la satisfaisait sous tous les autres
rapports. Il était convenu que Mme veuve Chamblay habiterait avec les jeunes époux, et qu'elle
abandonnerait à sa bru la direction de la maison.
Mme Le Perrier avait lutté contre ce projet, mais
Raymond paraissait si affligé de causer une
peine à sa mère, que Marthe avait tranché la
question avec l'insouciance ou plutôt la vaillance
de la jeunesse.

— Vous verrez, maman, que nous nous enten-
drons très bien, avait-elle dit.

La lecture du contrat eut lieu au milieu du
silence général. Les deux jeunes gens appor-
taient chacun une dot de cinq à six cent mille
francs en valeurs diverses, immeubles, etc. Le
fiancé devant signer le premier, Raymond se
leva à l'appel de son nom, s'inclina devant sa
fiancée et signa ; puis il offrit la plume à Marthe ;
et celle-ci, après avoir signé à son tour, la passa
à sa future belle-mère, laquelle la donna ensuite

à Mme Le Perrier. Toutes les personnes présentes, se succédant, selon leur degré de parenté ou d'intimité, donnèrent également leur signature. Ce cérémonial terminé, on passa dans la salle à manger pour *luncher*. Quant aux amies de Marthe, elles voulurent avant tout voir en détail ce beau trousseau, qui était un rêve réalisé de lingerie d'art et de goût.

Ce trousseau, selon la coutume, était fourni par la mère de la mariée. Il se composait du linge de corps de la jeune femme, du linge de maison et des toilettes courantes.

Tout le linge de corps et de maison s'y trouvait par douze douzaines. Chaque douzaine de chemises était variée : fine toile de Hollande, batistes brodées ou garnies de valenciennes ; ces chemises de formes différentes : celles du matin avec de petites manches courtes, celles du soir avec un simple entre-deux ou une épaulette de dentelle. Les chemises de nuit très longues, toutes coquillées de dentelle ou brodées finement ; d'autres en foulard garnies de dentelle.

Pour les costumes courts, des jupons à entre-deux, ruchés de dentelle ou brodés. Les jupons de bal étaient en mousseline, à longue traîne, garnis de volants de dentelle. Les jupons de robe de chambre plissés et brodés, à tablier coquillé

de dentelle. Les pantalons variés en batiste, en
foulard, brodés, garnis de valenciennes et à
entre-deux. Les bas se variaient à l'infini : bas
de soie chair, de nuances diverses, noir brodé
de jais, poudré d'or, d'argent, parsemé de broderies nuancées ; bas en bourre de soie écos-
saise ; en fil d'Écosse à jour, en coton fin, etc.

Les mouchoirs, de fine batiste, ourlés à jour,
étaient chiffrés et élégamment garnis. Quant au
mouchoir de mariage et aux mouchoirs de bal,
c'étaient d'imperceptibles morceaux de linon entourés de vieille malines et de point d'Alençon et
de Venise.

Mme Le Perrier donnait à sa fille toutes ses
dentelles blanches : volants de point d'Alençon,
de vieux venise, malines, dentelles de Flandre, etc. A côté de toute cette lingerie de corps,
il y avait aussi les déshabillés de mousseline
brodée, les costumes du matin, les sauts de lit
en flanelle blanche, en flanelle rose, garnis de
vieilles dentelles de Bruges, etc. A la garde-robe
que possédait Marthe, on ajouta quatre costumes
de ville, deux costumes de voyage, et quelques
robes habillées. Pour le jour du mariage, on
avait décidé que la robe blanche serait en brocart.

Les draps de lit, en fine toile de Hollande,
avaient de larges ourlets à jour et étaient ornés

d'un grand écusson brodé, au milieu duquel s'enlaçaient les initiales des deux noms de famille C L[1]. Les taies d'oreiller de batiste avaient le même écusson à chiffre.

Le linge de table, d'une finesse incomparable, était richement damassé. Le linge de toilette était également chiffré. Le linge de cuisine comprenait les tabliers des gens de service, des serviettes à liteaux, des essuie-mains et des torchons, etc.

Ce fut Marthe qui fit elle-même les honneurs de sa corbeille et de ses cadeaux. Cette corbeille, on le sait, est l'ensemble des présents faits par le fiancé; elle se composait de dentelles, de bijoux, de fourrures, de riches étoffes, velours, satin, peluche, etc.; d'élégants manteaux, dont l'un garni de zibeline et l'autre de renard bleu; de sorties de bal richement brodées; d'éventails variés, du livre d'heures en cuir du Levant, au chiffre de la mariée. Tous ces objets, renfermés dans un magnifique chiffonnier garni de bronzes ciselés, étaient arrivés le matin même de la signature du contrat. On les avait exposés, avec les cadeaux donnés par la famille et les amis des fiancés, dans le grand salon.

---

1. Cet écusson se brode au milieu, près de l'ourlet.

Les amies de Marthe admirèrent toutes ces
merveilles, les unes avec une satisfaction réelle,
les autres avec un petit sentiment d'envie dissi-
mulé sous un sourire. Elles étaient là toutes
ou presque toutes ; les plus intimes d'abord :
Mlles Hélène et Geneviève Émery, qui habitaient
la même maison que Mlle Le Perrier et qui
avaient été élevées avec Marthe dans une intimité presque familiale ; Juliette, leur sœur,
mariée depuis quelques années avec M. Amédée
Lefort, architecte.

Jacqueline de Moissart, née Lemonnier, cousine de Marthe, jeune et élégante mondaine,
apparaissait aux côtés de sa mère, la toujours
sémillante Mme Lemonnier, toutes deux en toilettes tapageuses.

Germaine Blavet, mariée à M. Delaze, notaire
à Paris, et sa jeune sœur Colette Blavet, amies
de Mlle Le Perrier, mais liées moins étroitement avec elle que Mlles Emery, étaient là aussi.
Mme Germaine Delaze examinait en détail, avec
cet air de dédain qui lui était propre, ce qui se
passait autour d'elle, tandis qu'à ses côtés se
tenait la jeune baronne d'Arlac, née Jeanne de
Champfleurs, une compagne de cours de Marthe,
dont les gestes, le langage, les opinions et les
sentiments étaient artificiels et composés, à qui

une éducation à la fois trop sévère et trop relâchée avait enlevé toute sincérité.

Mlles Dubois, ces pauvres et laborieuses jeunes filles qu'avait fréquentées Marthe, autant par sympathie que par bonté d'âme, n'avaient pas été oubliées, Mlle Le Perrier n'étant pas de celles qui rougissent d'avoir pour amies des personnes de position modeste. Enfin, il y avait encore là d'autres compagnes de cours, puis de simples connaissances, et les amis et les camarades de M. Raymond Chamblay.

Les Banville, cousins de ce dernier, filateurs, étaient venus exprès de Rouen pour assister à son mariage.

D'autres parents, plus ou moins éloignés, avaient également été conviés.

Pendant quelques heures, ce fut dans les salons de Mme Le Perrier une promenade continuelle des amies de Marthe. Peu à peu les invités partirent. A sept heures, il ne restait plus que le petit nombre de parents et d'intimes que Mme Le Perrier avait retenus pour le dîner.

CHAPITRE II

LE MARIAGE.

Le grand jour se leva radieux. Le mariage civil avait eu lieu, la veille, sans aucun éclat. Seuls, les témoins y assistaient. Après avoir dîné avec sa fiancée, Raymond s'était retiré de bonne heure, afin de laisser Marthe tout à sa mère, pendant cette dernière soirée.

Si heureuse qu'elle fût du mariage de sa fille, Mme Le Perrier souffrait cruellement à la pensée de se séparer de cette enfant si chère, qu'elle n'avait pas quittée un instant depuis sa naissance. Elle n'en laissait pourtant rien paraître et il eût fallu être un bien fin observateur pour deviner, sous son sourire, les larmes qui tombaient sur son cœur. Marthe, elle-même, s'y laissait tromper. Le sentiment nouveau qui l'envahissait, son amour pour Raymond, sans affaiblir en rien la tendresse et la vénération profondes qu'elle avait pour sa mère, la transportait dans un autre ordre d'idées. Elle savait qu'une existence nouvelle allait commencer pour elle; existence pour laquelle elle avait été élevée avec

tant de soins! Son âme débordait de reconnaissance pour cette mère, dont toutes les heures
avaient été occupées à préparer son bonheur et
à la prémunir contre les caprices du sort. Elle
savait qu'à partir de son mariage commence-
raient pour elle les responsabilités, les charges
de la vie; mais elle avait la foi, et se sentait
vaillante pour accomplir sa destinée telle qu'il
plairait à Dieu qu'elle fût. La tâche lui apparaissait douce et facile avec le compagnon sûr qu'elle
s'était choisi.

Après le départ de Raymond, la jeune fille vint
s'agenouiller devant sa mère et, lui prenant les
deux mains, elle les couvrit de baisers :

— Maman, ma mère bien-aimée, je suis heureuse, dit-elle en posant sa jolie tête blonde sur
les genoux maternels. Je ne vous ai jamais autant aimée qu'aujourd'hui. Je n'ai jamais si bien
compris tout ce que je vous dois, tout ce que
vous avez fait pour moi! Comment pourrai-je
jamais, mère chérie, reconnaître tant d'amour,
de sacrifices, d'abnégation?

Les larmes, si longtemps contenues, coulèrent
enfin à ce touchant élan de tendre reconnaissance, mais elles furent douces, car Mme Le Perrier recevait en cet instant le prix de tant d'années de dévouement. Sa fille était heureuse!

Elle serra contre son cœur la pauvre Marthe, qui pleurait aussi, et, durant quelques moments, on n'entendit plus que des baisers et des sanglots. Cette crise se calma, et, bientôt rassérénées, la mère et la fille purent échanger de douces paroles au milieu de leurs projets d'avenir.

Marthe avait obtenu que sa mère vînt habiter près d'elle.

— Je consens, avait-elle dit en souriant, à vivre avec ma belle-mère, à la condition, maman, que je pourrai vous voir aussi tous les jours.

La jeune fille avait requis pour l'aider dans sa toilette de mariée Geneviève Emery, sa plus intime amie, qui demeurait avec sa famille dans la même maison.

L'éducation de Marthe et celle de Geneviève s'étaient faites ensemble, sous la direction de Mme Le Perrier, qui aimait Mlle Emery comme une seconde fille.

Dès le matin de ce jour solennel, Geneviève descendit près de son amie. La robe de la mariée était en brocart, à longue traîne, bordée d'une guirlande de fleurs d'oranger. Le corsage entièrement montant. Un long voile de dentelle, en vieux point d'Alençon, était posé sur les cheveux, relevés très haut, retenus par une couronne de fleurs d'oranger. Point de bijoux.

Geneviève, une des demoiselles d'honneur, portait un costume réséda garni de peluche rose comme le chapeau. Un peu avant l'heure fixée pour la cérémonie religieuse, la famille et les amis, qui devaient faire partie du cortège, se trouvaient réunis au salon.

Un ami intime de Raymond, M. Jacques Dornand, avait accepté d'être le garçon d'honneur de Mlle Emery, et s'était fait précéder d'un charmant bouquet à l'adresse de Mlle Geneviève, un tout petit bouquet, selon la mode du jour, en boule de pin, tout blanc, en fleurs légères, chiffonné de tulle à la poignée avec flots de petits rubans blancs. Mme Le Perrier, après avoir reçu les invités, vint jeter un dernier coup d'œil sur la toilette de sa fille.

— On t'attend, ma chérie, lui dit-elle en l'embrassant. Tu es très belle.

Marthe se dirigea vers le salon. Ravissante dans sa robe de mariée, elle s'avança un peu pâle, le cœur ému, et, allant droit à Raymond, elle lui présenta son front à baiser. Après avoir salué gracieusement l'assemblée, elle prit des mains de Geneviève le merveilleux bouquet blanc que son mari lui avait envoyé.

La voiture de la mariée, la première du cortège, attendait à la porte. La jeune fille s'assit

au fond, ayant sa mère à sa droite. Dans la seconde voiture, prirent place Raymond et sa
mère. Puis venaient, dans les voitures suivan-
tes, les membres des deux familles, Geneviève
Emery, Colette Blavet, demoiselles d'honneur,
les témoins et les garçons d'honneur. En quelques minutes, on arriva à la Trinité. Les marches qui conduisent à la grande porte, ouverte
à deux battants, étaient recouvertes d'un riche
tapis, qui s'étendait jusqu'au maître-autel. L'é-
glise était à peine assez grande pour contenir la
foule sympathique qu'attire toujours ce genre de
cérémonie.

En descendant de voiture, Marthe prit le bras
de M. Emery, l'intime ami qui remplaçait son
père, et gravit lentement l'escalier, suivie du
cortège nuptial, tandis que l'orgue entonnait à
toute volée la célèbre marche de Mendelssohn.
Grave, recueillie, elle traversa la foule, ses longues paupières baissées sur ses joues d'une pâleur légèrement rosée. Un murmure d'admiration accueillit l'entrée de cette mariée, dont la
démarche était à la fois si noble et si simple.
Elle s'agenouilla sur le traditionnel prie-Dieu
de velours rouge. Près d'elle, à droite, vint se
placer Raymond, dont le visage trahissait une
joie profonde. Mᵐᵉ Chamblay, placée près de son

fils, paraissait très nerveuse ; elle s'agitait et ne parvenait pas à dissimuler son émotion. Aux côtés de Marthe se tenait Mme Le Perrier qui, ayant offert son sacrifice à Dieu, gardait une attitude sereine, tandis qu'en son cœur elle adressait au ciel une fervente prière pour l'enfant qu'elle allait perdre.

Pendant la messe, la quête fut faite par les demoiselles et les garçons d'honneur. Il y eut un discours fort touchant de l'évêque de Meaux, parent éloigné du marié. Après la cérémonie, on se rendit à la sacristie, mais non plus dans le même ordre. Marthe appartenait désormais à son mari, et c'est à son bras qu'elle s'y rendit. Elle eut un sourire gracieux, une aimable parole pour chacun. Elle réserva pour ses amies d'affectueuses démonstrations et ravit tout le monde par sa simplicité et sa bonne grâce. Après les présentations et les compliments d'usage, la foule s'écoula lentement, et la mariée toujours au bras de son mari, regagna sa voiture, suivie du cortège nuptial.

Un lunch était préparé chez Mme Le Perrier. On y avait convié les amis en ajoutant à la lettre d'invitation une carte spéciale pour le lunch. Un buffet était dressé dans la salle à manger, dont les portes, ouvertes à deux battants, sur le grand

salon, permettaient de circuler librement entre
ces deux pièces. Derrière le buffet, se tenaient
deux maîtres d'hôtel et les domestiques pour
servir les invités.

On voyait étalés sur le dressoir, à côté des
pièces de résistance, telles que galantines truf-
fées, chaudfroids de canards et de perdreaux,
faisans dorés, jambons, terrines de foies gras,
de volailles, de gibier, les friandises les plus variées : crèmes, pâtisseries, glaces, sorbets, fruits
frappés, pièces montées, etc., etc.

Les vins de Bourgogne, de Bordeaux, de
Champagne portaient l'étiquette des plus hauts
crus. Le thé, le chocolat, le café, les consommés
étaient servis par deux domestiques, tandis que
les maîtres d'hôtel découpaient.

Presque en même temps que la mariée arrivèrent les invités, et bientôt les salons furent
pleins. Là, comme à l'église, Marthe montra le
plus grand tact. Sans affecter un empressement
excessif, tout en gardant la dignité simple qui
convient à une mariée, elle fit avec grâce les
honneurs du salon de sa mère. Après le départ
des derniers invités, elle alla changer de toilette.

Les jeunes époux devaient passer leur lune de
miel dans une propriété que possédait Mᵐᵉ Cham-

blay mère, à Vauglard, près de Montargis. Mme Le Perrier, craignant pour sa fille les fatigues d'un voyage de noce, tel qu'on le comprend aujourd'hui, c'est-à-dire un voyage de touriste, avait obtenu de son gendre qu'il conduisît sa femme dans la maison de campagne de sa mère. De là, en rentrant à Paris, elle prendrait possession de son nouvel appartement et de ses fonctions de maîtresse de maison.

Une séparation, si courte qu'elle soit, n'est pas sans causer quelque tristesse, et quoique Marthe ne dût rester absente qu'un mois environ, on sentait, à la manière fiévreuse dont elle faisait ses préparatifs, qu'un trouble secret l'agitait. Elle aimait, elle était aimée ; elle partait heureuse et confiante au bras de l'époux de son choix, de cet époux qui prenait dans sa vie la première place, et pourtant elle sentait son cœur se serrer. Il lui semblait, au moment de quitter sa mère et la vieille maison — comme elle l'appelait — cette maison où s'était écoulée sa jeunesse, qu'elle laissait là un peu d'elle-même. La jeune femme éclata en sanglots, lorsqu'elle donna à sa mère le baiser d'adieu.

— Je vous écrirai tous les jours, maman, dit-elle, d'une voix entrecoupée ; vous me promettez d'en faire autant, n'est-ce pas ?

Mme Le Perrier, calme, malgré sa pâleur, mon-

tra une fois de plus à quelle hauteur peut s'élever
le courage maternel. Elle sourit à sa fille ; mais
dans le regard de détresse qu'elle jeta à son
gendre, celui-ci put lire l'appel suppliant qu'elle
lui adressait.

— Soyez tranquille, ma mère, lui dit Raymond
tout bas en l'embrassant. J'aurai bien soin d'elle.

CHAPITRE III

Le petit hôtel que devaient occuper les jeunes mariés était situé près du parc Monceau, rue Rembrandt. C'était une construction basse, comme les maisons anglaises, composée d'un rez-de-chaussée et d'un seul étage.

Mme Chamblay ayant désiré que Marthe fût seule chargée des arrangements intérieurs, celle-ci avait tout organisé selon son goût, utilisant une partie des meubles que Raymond avait rapportés de ses voyages en Orient, meubles bizarres, aux formes étranges, qui n'avaient rien de banal et pour lesquels Marthe dut chercher un cadre original. Ainsi que dans certains hôtels modernes, le hall devint une sorte d'élégant musée. Les murs tendus d'étoffes orientales furent décorés avec des trophées, des panoplies d'armes, des faïences anciennes, des cuivres, quelques toiles de maîtres, des objets d'art, des bibelots de toute provenance. Sur les meubles de formes diverses, canapés, divans, fauteuils, Marthe fit jeter des étoffes d'Orient. La vaste cheminée disparut

presque sous des draperies de même étoffe. De
petites tables, çà et là, portaient des vases destinés à recevoir des plantes ou des fleurs.

La chaise à porteurs, dorée, d'une dame chinoise brillait dans un coin, tandis que vis-à-vis
se tenait debout l'armure d'un guerrier japonais.
Sur un sombre tapis de Smyrne, des carpettes de
l'Afghanistan, du Béloutchistan jetaient une note
éclatante. Dans une encoignure se groupaient
de petits paravents aux feuilles brodées de soie
brillante — qui formaient une sorte de petit *buen-
retiro* dans la vaste pièce et abritaient un divan
bas garni de coussins. Sur une table en bois noir,
aux pans coupés, sculptés à jour, admirable spé-
cimen de l'art chinois, des albums renfermaient
les études, d'après nature, dessinées par le jeune
voyageur. De côté et d'autre, de charmantes in-
stallations avaient été aménagées, et au milieu de
tout cet orientalisme, un piano à queue d'Erard
et un orgue-harmonium représentaient un des
côtés artistiques de l'industrie parisienne. Enfin
au plafond était suspendu un immense parasol
japonais, semblable à un oiseau aux ailes dé-
ployées.

Cette pièce que Marthe avait transformée était
l'ancien atelier d'un peintre célèbre, et possédait,
par conséquent, les proportions voulues pour ce

genre d'installation. Deux escaliers tournants,
en chêne sculpté, conduisaient du rez-de-chaussée au premier étage, contournant le hall, dont
le plafond montait jusqu'au sommet de la maison. Du côté droit se trouvaient le salon, le cabinet
de Raymond et les chambres à coucher du jeune
ménage. A gauche, la salle à manger et l'appartement particulier de Mme Chamblay mère, dans
lequel on avait transporté son mobilier. Le salon
de Marthe, style Renaissance, était une merveille
au point de vue artistique. Tendu de tapisseries
flamandes du seizième siècle, il réunissait toutes
les conceptions simples et gracieuses de la
France. Les meubles, canapés, sièges, bahuts,
tables, armoires étaient en noyer sculpté. En
face des fenêtres une superbe tenture fabriquée
à Bruxelles, rappelant l'entrevue du camp du
Drap-d'Or: François Ier et Henri VIII à cheval,
leur chapeau à la main, d'un air gracieux, allant
au-devant l'un de l'autre.

Pour les menus accessoires, Marthe et son mari
avaient fouillé les principaux magasins d'anti-
quités. Ils avaient trouvé des merveilles du temps:
miroirs de Venise, statuettes d'ivoire, coffrets à
bijoux; un *cassone* entre autres, espèce de grand
coffre, était particulièrement remarquable : exté-
rieurement peint d'un vert sombre qui brillait du

rehaut de fines arabesques d'or, il était quadrillé
à l'intérieur à rosaces d'or sur fond rouge. Une
grosse difficulté s'était présentée, pour assortir à
cet ameublement de pur style Renaissance, un
tapis, indispensable complément d'un mobilier
de salon. Le goût de Marthe prévalut. On opta
pour un tapis haute laine, uni, rouge-grenat.

Le cabinet de travail de M. Chamblay, d'un
goût plus sévère, avait été l'objet des soins parti-
culiers de la jeune femme. Elle voulait que, dans
l'arrangement de cette pièce, tout rappelât à
son mari la sollicitude et la tendresse qui y
avaient présidé. Tendu de cuir de Cordoue, avec
des bibliothèques basses, le plafond à caissons,
des meubles en bois noir, des rideaux en drap
garance, une garniture de cheminée en vieil argent, ce cabinet, sobre d'ornements, était bien
l'asile du vrai travailleur.

Quant aux chambres à coucher, elles n'étaient
séparées que par de doubles portières. Celle de
Marthe était un vrai bijou. Les tentures, les rideaux, les meubles étaient en peluche vert-olive
et vieux rose. Les rideaux étaient ornés d'appli-
cations de broderie soie et or, et sous les draperies du lit, des flots de vieilles guipures égayaient
l'aspect un peu sévère de ces tentures. Aux fenêtres, les mêmes guipures sous les rideaux. Sur

la cheminée, une garniture en vieux sèvres rose
remplaçait la pendule, posée sur une console en
bois des îles ; une glace de Venise au-dessus de
la console. Un chiffonnier, une armoire en bois
des îles, à panneaux garnis de glaces, une table
à ouvrage, des étagères chargées de livres, un
« bonheur du jour » rempli des souvenirs que
Marthe tenait de ses amies d'enfance, achevaient
l'ameublement de cette chambre que Raymond
avait voulu digne de sa jeune femme.

Pour lui, personnellement, rien n'avait été
changé, et le mobilier de sa chambre de garçon
demeurait le même, simple et sommaire. Il le
désirait ainsi. Deux cabinets de toilette éclairés
par des fenêtres garnies de vitraux attenaient à
chaque chambre et étaient séparés par une salle
de bains ; celle-ci, dont les murs et le plafond
étaient entièrement recouverts de carreaux de
faïence bleue, réunissait tout ce que le confort
moderne a inventé de plus commode et de plus
hygiénique. La lingerie se trouvait au second, à
côté des chambres de domestiques.

La salle à manger était gothique : les fenêtres,
en ogive, étaient garnies de vitraux anciens ; une
haute cheminée de bois sculpté avec des soubas-
sements en vieille faïence d'art tenait tout un
côté de la pièce. Un cartel Louis XIII faisait face

à la cheminée. Sur les crédences, sur les buffets en bois noir était dressée l'argenterie de famille donnée en présent de noces aux jeunes époux ; les chaises à hauts dossiers de cuir capitonné entouraient une table oblongue en bois noir. Sur les panneaux de vieille tapisserie, on avait disposé des faïences italiennes, flamandes, hollandaises. Un grand tapis turc, carré, était placé sous la table.

Le vestibule était tapissé de panoplies représentant les attributs de chasse de divers pays. Les meubles de l'antichambre étaient en vieux chêne ; des verdures semblables aux portières de la salle à manger en tapissaient les portes. Dans de grands vases de faïence, s'épanouissaient des arbustes verts.

De la salle à manger, on communiquait à l'appartement de Mᵐᵉ Chamblay mère, par une pièce qui servait d'antichambre à son salon, au fond duquel se trouvait sa chambre à coucher.

La vieille dame s'était opposée à ce que rien fût changé à son intérieur d'autrefois. Un salon en velours d'Utrech jaune, avec des canapés durs et des bergères, garni de tableaux de famille, de tables à jeu et de consoles ; une chambre à coucher style premier empire, avec des meubles d'acajou aux bronzes dorés, une psyché, un lit

à colonnes, des tentures de soie de nuances passées, un guéridon à dessus de marbre noir, sur
lequel était dressé un service en porcelaine
blanche, à médaillons dorés, composaient le mobilier de la belle-mère de Marthe.

La sollicitude de la jeune femme ne s'était pas
seulement portée sur la partie élégante de sa
maison ; elle avait tenu à ce que le côté pratique
— ménage et cuisine — fût aussi soigné que le
reste. Une grande cuisine bien éclairée est une
chose indispensable. Voici comment elle avait
organisé la sienne : située au rez-de-chaussée,
cette cuisine contenait, outre le fourneau à charbon de terre, les appareils à gaz et les réchauds
à charbon de bois, une cheminée pour les rôtis
— les rôtis étant bien supérieurs lorsqu'ils sont
faits au feu de bois. D'un côté de la cuisine, la
jeune femme avait fait placer une immense armoire vitrée pour les casseroles de cuivre et les
blancs ; vis-à-vis, un large buffet contenait la
vaisselle ordinaire ; au milieu, une grande table
en marbre, de beaucoup préférable aux tables de
bois ; au-dessus de la pierre à évier, d'une blancheur immaculée, se trouvaient les robinets à
eau ; sur les rayons, les divers ustensiles courants.

L'office, contiguë à la cuisine, était aménagée

de façon à recevoir la desserte de la table ainsi que la vaisselle, la verrerie courante, les diverses provisions. A cet effet, elle était garnie le long des murs de nombreuses tablettes en étagère; la fenêtre était recouverte d'une toile métallique posée sur un treillage en fil de fer, pour empêcher l'entrée des chats, des souris et des mouches — cette fenêtre devant presque toujours rester ouverte. La vaisselle dont on se servait tous les jours faisait partie du mobilier de l'office.

Marthe avait chez sa mère la coutume de faire un inventaire de tout ce qui compose la vaisselle et de la vérifier tous les trois mois; elle remplaçait alors les objets cassés; si l'on néglige ce soin, on encourage l'incurie et le désordre et l'on peut se trouver prise au dépourvu dans un moment pressant. Cette revue trimestrielle stimule les domestiques et les engage à prendre plus de précautions; mais Marthe ne trouvait pas juste de leur faire payer la vaisselle brisée par des accidents indépendants de leur volonté.

En ce qui concernait la cave, Marthe avait pris conseil de personnes compétentes. Le vieil ami de sa mère, le docteur X..., l'avait guidée dans cette tâche délicate. Il possédait lui-même une cave des mieux aménagées qu'il soignait avec la sollicitude d'un véritable gourmet. Aidée de ses avis, la jeune maîtresse de maison entreprit elle-même, avec le concours du tonnelier du docteur, la direction de sa cave, qu'elle divisa en plusieurs compartiments; dans les uns, on plaça les vins ordinaires; dans les autres, les grands crus, les vins de dessert, etc. On avait réservé un compartiment pour placer les tonneaux nouvellement arrivés.

Marthe apprit ainsi qu'on doit mettre les tonneaux sur des chantiers élevés d'un pied au-dessus du sol et posés sur des traverses en bois; que si l'on veut mettre en bouteilles du vin récemment arrivé dans la cave, il faut le coller, soit avec des blancs d'œufs, soit avec de la colle de poisson; et qu'il faut auparavant examiner s'il est bien liquide; que pour cette opération, il vaut mieux, en toute saison, éviter les jours où le temps est à l'orage; que lorsqu'on veut conserver longtemps les vins en bouteilles, on doit enduire les bouchons de résine ou les cacheter.

Des deux manières de ranger les bouteilles, l'ancienne, qui consistait à placer les bouteilles pleines les unes sur les autres et séparées par des lattes, et celle dont on se sert aujourd'hui de préférence, et qui consiste dans les porte-bouteilles ouverts ou fermés, et contenant chacun un vin spécial, elle choisit la seconde. Dans le compartiment particulièrement affecté aux grands vins, on voyait des casiers, des caisses, des paniers étiquetés qui renfermaient ces vins.

Tous ces soins pris, le docteur engagea Marthe à suivre son exemple : buvant à l'ordinaire de très bons vins de Bordeaux ou de Bourgogne, il avait l'habitude de faire mettre de côté cinquante bouteilles de chaque pièce qui lui arrivait. Ces bouteilles, gardées pendant quelques années, s'amélioraient et prenaient un degré de maturité qui permettait qu'on les servît comme vins fins. Marthe trouva le conseil bon et se promit de le suivre.

Enfin, elle continua chez elle ce qu'elle avait l'habitude de faire chez sa mère ; elle alla, accompagnée du valet de chambre, s'approvisionner chaque semaine.

Elle s'occupa également elle-même de l'arrangement du linge de maison. La lingerie avait été disposée de façon à pouvoir contenir les draps, les serviettes, etc. Des armoires la garnissaient tout autour des murs ; chacune avait sa destination particulière ; le linge d'office et de cuisine était naturellement classé à part. Dans une armoire spéciale étaient placés les draps de maîtres numérotés par paires. C'est le seul moyen de les bien appareiller au retour du blanchissage, de faire servir chaque paire à tour de rôle et de s'assurer de leur compte ; les taies d'oreiller avaient leur rayon dans cette armoire. Une autre armoire contenait les serviettes, les essuie-mains, les peignoirs de toilette ; les serviettes étaient numérotées par douzaines.

La jeune femme avait suivi le même ordre pour les draps de domestiques. Sur les rayons d'un grand placard, elle avait rangé les tabliers d'office et de cuisine, les serviettes, les essuie-mains, les torchons.

Les essuie-mains d'office étaient garnis de petites boucles de ruban de fil à deux des coins pour les suspendre à un clou ; sans cette précaution, le linge est exposé à se déchirer facilement. Les torchons, comme les serviettes, étaient numérotés par douzaines. Bien qu'elle eût l'intention de dresser sa femme de chambre et de s'en faire aider pour le maniement du linge, Marthe se réservait la haute direction de cette partie importante du ménage.

Il est des maîtresses de maison qui limitent le nombre de serviettes et de torchons qu'elles donnent par semaine ; elles s'exposent ainsi à voir leur vaisselle mal essuyée ; il en est d'autres qui laissent à leurs domestiques la liberté de prendre du linge de cuisine quand il leur plaît ;

ceux-ci peuvent en abuser et n'en pas avoir soin.
Marthe trouva mieux de s'assurer par elle-même
de la quantité de torchons qu'il faut et de l'emploi
qu'on en fait.

Elle réglerait à l'ordinaire très largement le
linge qu'il lui paraissait utile de fournir. Pour les
extras, elle proportionnerait cette quantité aux
exigences du service.

CHAPITRE IV

Le voyage de noces ne se prolongea pas au-
delà d'un mois, tant Marthe était impatiente de
revoir sa mère. Il lui tardait aussi de se trouver
chez elle et d'entrer dans son rôle de maîtresse
de maison. Une douce surprise l'attendait à son
arrivée : le petit hôtel, éclairé du haut en bas,
était garni de fleurs depuis le vestibule jusqu'au
premier étage. Pendant que Raymond veillait au
déballage des malles, la jeune femme monta en
courant l'escalier pour remercier sa belle-mère.
Elle la trouva au seuil de son appartement, qui
l'attendait en souriant. Mme Chamblay ouvrit ses
bras à Marthe et l'attirant sur son cœur :

— Ma chère fille, lui dit-elle en l'embrassant,
j'ai voulu être la première à vous souhaiter la
bienvenue et à vous dire la joie que me cause
votre arrivée dans cette maison. Vous êtes ici
chez vous, mon enfant; je remets entre vos
mains la direction de toutes choses et vous prie
de me considérer comme une véritable amie,
comme une seconde mère, que vous trouverez, si

vous le voulez, disposée à vous aider, heureuse
de vous confier à la fois le bonheur de son fils et
le soin de son intérieur.

Émue et touchée, Marthe embrassa tendrement la vieille dame, qui, au même instant, se
sentit serrée entre deux bras vigoureux.

— Raymond, Raymond, mon cher fils! s'écria
Mᵐᵉ Chamblay, dont la joie se traduisait toujours par des larmes.

Et bientôt la mère et le fils confondirent leurs
baisers.

La première émotion calmée, la vieille dame
fit passer à Marthe la revue de son petit domaine. Elle lui indiqua les mesures provisoires
qu'elle avait prises en l'attendant, au sujet de
son personnel, qui se composait d'une cuisinière, d'une femme de chambre et d'un valet de
chambre. Pour son service particulier, Mᵐᵉ Chamblay gardait une ancienne domestique.

— Voici les clefs, ma chère fille, dit en terminant Mᵐᵉ Chamblay; à partir de cet instant, je
suis chez vous.

L'heure étant trop avancée pour sortir, Marthe
dut se résigner à remettre au jour suivant le
bonheur de voir Mᵐᵉ Le Perrier.

Dès le lendemain matin, elle courut à la *vieille
maison*. Elle avait hâte d'embrasser sa mère,

cette amie incomparable qui avait partagé de
tout temps ses peines et ses joies ! Quelles
touchantes effusions entre ces deux cœurs si
étroitement unis, qui se retrouvaient après
cette première séparation ! Mme Le Perrier ne
pouvait se lasser de contempler ce visage aimé
qu'elle se consolait mal de ne plus voir à ses
côtés.

Avec cette force d'âme qui était le propre de
sa nature, elle restait toujours maîtresse de ses
impressions. Elle ne montra donc à sa fille que
le bonheur que lui causait son retour et garda
pour elle la douleur de l'absence. Ce fut, de
la part de Marthe, une joie sans mélange, qui
se traduisit par une exubérance de caresses, de
paroles, de démonstrations auxquelles sa mère
n'était pas habituée.

— Ah ! maman, que je suis contente de vous
retrouver ! Qu'il y a longtemps que je ne vous
avais vue ! C'est bien entendu, c'est bien décidé,
je ne pourrai jamais me passer de vous. Et pourtant, je suis si heureuse ! Raymond est si bon !
Il me gâte presque autant que vous ! Ce mois a
été un long enchantement. Mais comme vous
me manquiez, maman, et que j'avais hâte de
vous revoir ! Quelle douce vie nous allons mener
à nous trois !

3

— A nous quatre, fit en souriant Mme Le Perrier. Tu oublies déjà ta belle-mère.

— C'est vrai, répondit Marthe ingénuement ; mais elle, je ne pourrai pas l'emmener avec moi au spectacle, au bal, partout où Raymond a l'intention de me conduire...

— Ni moi non plus, continua Mme Le Perrier, sur le même ton.

— Oh ! vous, maman, c'est différent. D'abord vous viendrez très souvent avec nous, et lorsque vous ne viendrez pas, je vous saurai toujours près de moi et avec moi de cœur.

— Pour cela, oui, chère petite.

— Et si vous saviez tout ce que nous projetons ! Raymond veut me mener partout. Il est ravi de penser que je ne connais que deux ou trois grands théâtres. Il me fera voir tous les autres, ce qui ne m'empêchera pas d'avoir un abonnement de quinzaine à l'Opéra, et mon mardi à la Comédie française. Et puis Raymond veut que nous recevions beaucoup et que nous allions dans le monde. Alors, le bal, le spectacle... vous voyez, maman.

— Allons, dit gaiement Mme Le Perrier, je vois que ma fille va devenir une vraie mondaine. Et moi, qui croyais que Raymond était un sage, un amoureux de la vie de famille, et des seules joies du foyer !

— Vous vous trompiez fort, chère maman. Raymond est très gai. Il aime bien la famille — vous savez comme il vénère sa mère — mais il aime bien aussi à s'amuser. Songez donc qu'il travaille toute la journée et qu'il a besoin de distraction le soir. Et puis, il prétend qu'il est fier de moi et qu'il veut me *produire*. Il adore l'élégance, et, comme il gagne beaucoup d'argent, il désire que je le dépense. Vous allez voir, maman, comme je vais me faire belle !

— Prends garde de devenir coquette, ma chérie.

— C'est bien permis, pour plaire à son mari ; et vous-même me l'avez dit.

— Sans doute, ma mignonne. J'approuve tout ce que tu feras pour plaire à ton mari. C'est une doctrine que je t'ai souvent prêchée et ce n'est pas aujourd'hui que je te dirai le contraire. Je voudrais seulement te mettre en garde contre l'exagération d'une qualité qui deviendrait facilement un travers et plus même qu'un travers.

Un nuage passa sur le front de Marthe.

— Ne t'attriste pas, ma chérie, dit doucement sa mère, si je te parle encore une fois raison. Ce sera la dernière. Mon rôle finit là où commence celui de ton mari. Mais tu es encore au seuil de ta nouvelle existence, et, si grande que soit ma

hâte d'abdiquer, les conseils maternels ne te seront peut-être pas inutiles. Tu ne m'en veux pas
de te faire redescendre du ciel sur la terre, pour
quelques instants, dis ?

— Oh ! maman, pouvez-vous me demander
cela, fit Marthe en s'asseyant comme autrefois
aux pieds de sa mère. Tout ce qui vient de vous
m'est cher et sacré. Ce n'est pas la dernière fois
que j'aurai besoin de votre expérience et de votre
tendre sollicitude...

— J'espère que si, mon enfant bien-aimée. Je
te connais. Tu es une âme vaillante et tu sauras,
j'en suis certaine, diriger sagement ta vie, sans
le secours de personne ; selon la parole divine, tu
feras en sorte que « les choses te soient assu-
« jetties sans que tu sois soumise à aucune » ;
et, dans toutes tes actions, tu sauras te conduire
« en maître et non en esclave ». J'ai confiance en
toi. Je voudrais seulement te mettre en garde
contre l'éblouissement de la première heure.
Sans entrer dans le détail des devoirs si étendus,
si délicats, et parfois si difficiles, d'une femme
dans son intérieur — devoirs que j'ai déjà essayé
de te faire connaître — je désire, dès aujourd'hui,
te prémunir contre la spontanéité irréfléchie qui
pourrait naître des entraînements de la vie mondaine qui commence pour toi.

La vie! ma pauvre mignonne, ainsi que l'a
dit un penseur, n'est ni un jeu ni une fiction
pour personne. Les femmes ne sont pas simplement des êtres souriants et charmants, sous-
traits aux graves obligations, aux grandes responsabilités de l'existence. Sans doute, il faut
être élégante et jolie pour plaire à ton mari,
mais il faut encore te l'attacher par des qualités
plus sérieuses. Les premières années du mariage sont décisives; il faut que, dès le commencement, une jeune femme gagne non seulement l'amour de son mari, mais qu'elle s'attire
sa considération, l'estime de sa nouvelle famille,
de la société où elle est appelée à vivre.

Tu me trouves bien grave, bien austère, ma
pauvre chérie, n'est-il pas vrai? et je vois ces
beaux yeux, rayonnants tout à l'heure, se voiler
peu à peu d'une ombre de tristesse... Pardonne-
moi, ma fille. Les mères, vois-tu, ont une sorte
d'intuition qui leur fait découvrir — pour ainsi
dire — l'horizon de l'existence de leurs enfants.
Elles voient l'au-delà de toutes choses et s'en
inquiètent.

Telle je suis, ma chérie.

Le visage de la jeune femme, un instant assombri, s'était peu à peu rasséréné. Le regard
de ces beaux yeux attentifs s'était éclairé, élevé,

pour ainsi dire, à la hauteur des pensées si no-
blement exprimées par sa mère.

— Qu'ai-je à vous pardonner, mère chérie?
Tout ce que vous pensez, tout ce que vous dites
est si bon, si juste, je sens si bien votre profonde
tendresse dans tous vos conseils ! Mais rassurez-
vous, maman, je suis bien votre fille. Je puis
être fascinée, éblouie par le mirage du radieux
avenir qui s'ouvre devant moi, entre deux affections comme la vôtre et celle de Raymond, mais
j'espère ne jamais oublier les préceptes, les
exemples que vous m'avez donnés.

— Je sais, ma fille, que tu seras une digne
épouse, que non seulement tu charmeras ton
mari par ta grâce et ta beauté, mais encore que
tu sauras aussi être sa compagne. Pour que l'u-
nion soit parfaite entre vous, vois-tu, il faut que
la communauté des intelligences complète celle
des cœurs. Ne sépare pas ta vie intellectuelle de
celle de ton mari. Tu as une instruction assez
solide pour le suivre dans ses travaux, dans ses
occupations, pour l'éclairer, le conseiller au besoin, et prendre dans l'intérieur de sa maison
cette place si haute et si douce que la Providence assigne aux véritables épouses. Ce sont
elles qui créent en quelque sorte l'atmosphère
morale du ménage. De leur influence, si puis-

sante au début, dépend parfois tout leur bonheur.

— Je vous comprends, mère, et je tâcherai que votre fille soit digne de vous.

— Oh! tu feras beaucoup mieux que moi, chère enfant, dit Mme Le Perrier. Mais, si tu veux, descendons un peu des sphères élevées où nous planons depuis quelques moments, et dis-moi si tu es contente de ta cuisinière?

Marthe éclata de rire.

— Il m'est difficile de la juger, vous en conviendrez, maman. Nous sommes arrivés d'hier soir, et elle ne nous a fait encore qu'un déjeuner.

— C'est juste, mignonne; en tous cas, je suis tranquille; tu saurais bien la former, car tu n'as pu oublier les leçons culinaires que tu as prises étant jeune fille.

— Certainement, je sais assez faire la cuisine pour cela. Vous rappelez-vous, maman, ce fameux dîner auquel vous aviez invité toute la famille Emery et que j'ai fait à moi toute seule pour m'essayer[1].

— Je m'en souviens; il était très réussi.

— Si je n'ai plus besoin de mettre mes talents à l'œuvre, je me réserve de surveiller de près

---

1. *Une Éducation dans la famille*, p. 274.

ceux de ma cuisinière. Il me semble qu'une
bonne table doit avoir quelque attrait pour un
homme. Je désire donc que l'on mange bien
chez moi. Je compte sur vous, ce soir, maman;
vous me l'avez promis. Nous serons entre nous.

— A ce soir, mon enfant.

CHAPITRE V

DINER INTIME.

A quelques jours de là, Marthe eut un dîner à donner : dîner intime, douze couverts en tout. Ainsi que cela se pratiquait chez sa mère, la jeune femme voulait qu'à l'habitude on servît chez elle à la russe. Ce genre de service est élégant, et l'élégance, en charmant les yeux, fait paraître meilleurs les mets les plus simples [1].

1. Les dîners d'aujourd'hui ne se composent plus comme autrefois d'un nombre indéfini de plats ; cela explique la faveur dont jouit la mode russe. Cette mode, on le sait, consiste à couvrir la table, pour tout le temps du dîner, de plats, d'assiettes de dessert, d'entremets et de vases de fleurs. Les mets ne paraissent pas sur la table ; ils sont découpés par un domestique dans une pièce voisine ou sur une table dans un angle de la salle à manger, et sont ensuite présentés dans leur ordre de service à tous les convives. Le menu du dîner, écrit sur des cartes destinées à cet usage, se place à côté de chaque couvert. Dans ce mode de service, qui est le plus recherché, les convives ne voient pas les mets entiers.

Il est des maîtresses de maison qui, tout en faisant servir à la russe, désirent faire apprécier la bonne mine et la beauté des différentes pièces qu'elles offrent. L'aspect d'un beau poisson, d'une fine poularde, d'un quartier de venaison réjouit la vue, selon elles, et excite l'appétit des invités ; cette dernière manière est plus sans façon et plus intime. (Voir *le Monde et ses Usages*, par Mme de Waddeville, 7e édition, p. 169).

Pour le dîner dont il s'agissait, Marthe commanda un poisson, deux entrées, un rôti, un
chaudfroid de canard, une salade russe, un entremets chaud, une glace. Le dessert se composait de deux corbeilles de fruits, six compotiers
de petits fours et pâtisseries variées, six assiettes
de fruits glacés divers. Une grande corbeille
basse, oblongue, remplie de fleurs, servait de
milieu de table.

Constant, le valet de chambre qui avait suivi
M. Chamblay dans son dernier voyage, était un
domestique assez bien stylé. La jeune femme lui
donna ses ordres, afin que le service fût bien
réglé et qu'il n'y eût pas de malentendu. Elle
eut soin, ainsi que doit le faire toute bonne maîtresse de maison, de faire chauffer *à l'avance* la
salle à manger et de laisser tomber le feu pendant le repas : la chaleur des lumières, celle des
mets et la présence des convives élevant de
beaucoup la température; quoiqu'on ne fût encore qu'au commencement de novembre, le
temps était froid et exigeait cette précaution.
Des chancelières, des tabourets, des chaufferettes
à eau bouillante se trouvaient sous la table ou
étaient préparées pour les personnes délicates ou
frileuses.

Marthe avait également recommandé qu'on

entretînt le feu du salon pendant le dîner, car
elle trouvait avec raison qu'il est peu agréable,
en sortant de table, de passer dans une pièce
froide, dont le feu est presque éteint. De même,
elle avait donné l'ordre de laisser les salons
éclairés, de façon à ce qu'on pût aller d'une pièce
à l'autre sans transporter les lumières. Elle avait
pour principe qu'un brillant éclairage est indispensable à toute réunion. En effet, rien n'ajoute
plus à l'agrément et à la gaieté d'un dîner qu'une
grande quantité de lumières.

Pour ce repas intime, elle ne fit servir que
trois sortes de vins : le madère après le potage;
pendant le courant du dîner, du vin de Bordeaux
et du vin de Bourgogne. Le café et les liqueurs
furent servis à table, ainsi que cela se fait souvent.

Le matin même du jour du dîner, Marthe alla
trouver sa mère :

— Je viens vous demander votre avis, maman,
sur un point qui m'embarrasse. Raymond a l'habitude de placer sa mère à sa droite. Il me disait
l'autre jour qu'il faisait ainsi, même quand il y a
des étrangers. Mme Chamblay est pourtant de la
maison. Alors que fait-on de l'usage établi qui
prescrit de mettre à la droite du maître de la
maison la personne la plus âgée et la plus considérable de la société.

— Mon Dieu, ma chérie, l'idée de ton mari, très respectable d'ailleurs, n'est pas absolument dans les usages reçus, mais elle peut se soutenir, et mon avis est que Raymond a bien le droit de suivre son inclination en cette circonstance.

— Alors, et vous, maman? car nous avons Mme Emery qui n'est pas jeune non plus.

— Ne te préoccupe pas de moi, mon enfant, je serai toujours très bien là où tu me placeras.

— Quant à moi, dit Marthe, je me sacrifie, je mettrai près de moi M. Emery et le vieux M. Dornand, qui est sourd.

— Son fils Jacques est charmant, spirituel, distingué ; il joint à cela un grand talent.

— Eh bien! je vous le donnerai pour voisin de table.

Les convives furent exacts. A sept heures et demie, tout le monde était réuni. Le dîner étant intime, les femmes portaient des robes montantes. Les demoiselles Emery étaient en blanc. Hélène, tout à fait charmante, n'avait gardé de son ancien défaut, la négligence, que le bon côté : une certaine grâce nonchalante, qui donnait du charme à ses moindres mouvements. Geneviève, d'une beauté plus sérieuse, avait cet air posé que donne l'habitude de la réflexion et du travail. Le jeune ménage Lefort était au nombre des convives. Juliette, toujours vive et gracieuse, portait une très jolie toilette de satin noir. Quant à Marthe, comme maîtresse de maison, elle devait s'effacer. Aussi était-elle la plus simple de toutes.

Ce dîner fut cordial et gai. On l'a dit, il y a longtemps, le meilleur moyen pour obtenir une conversation intéressante, c'est de ne point s'en occuper. Il serait plus juste de dire qu'il n'est pas nécessaire de s'en préoccuper ; car, si toute préméditation empêche la conversation d'être agréable, l'abandon complet de toute initiative pourrait amener le même résultat.

Comme le disait Mme de Girardin, il suffit de *semer* la conversation. Cela veut dire qu'il faut savoir jeter, çà et là, un mot, une réplique, comme on dirait au théâtre, pour faire jaillir une idée, une discussion, une anecdote, une fine plaisanterie. Une maîtresse de maison doit connaître assez les personnes qu'elle reçoit pour savoir quels sont les sujets qui les intéressent, qui peuvent les faire briller, et que l'on peut généraliser.

Un des points importants est, sans contredit, de choisir ses convives, de façon à ce qu'il n'y ait pas parmi eux de gens antipathiques les uns

aux autres. Ces soins pris, il faut se fier à leur esprit et s'appliquer, avant tout, à mettre les gens
à leur aise.

Cette théorie n'était d'ailleurs pas applicable
en l'espèce.

Tout le monde se connaissait; puis le maître
de la maison, sans avoir le travers de toujours
parler de ses voyages, avait la mémoire assez
meublée pour rapporter à l'occasion un souvenir
intéressant. Le rôle principal de Marthe devait
donc être de veiller à ce que le service fût bien
fait. C'est ce qu'elle fit. D'un coup d'œil elle s'as-
surait que les carafes à vin étaient toujours pleines; que le domestique remplaçait les assiettes
par d'autres, qui portaient un couteau et une
fourchette propres [1], car Marthe voulait que sa
maison fût tenue avec recherche. D'un signe elle
appelait Constant et lui donnait ses ordres à voix
basse. Ces soins matériels n'empêchaient pas la
jeune femme de suivre avec intérêt la conversation et de s'y mêler. Son vieux voisin sourd ne
l'incitait pas à de grands frais de parole. Pourtant, elle essayait obligeamment de se faire
comprendre et l'entourait d'attentions délicates.
Quant à son voisin de gauche, M. Emery, ce

1. La coutume anglaise de changer de couvert après chaque
plat a prévalu en France dans les maisons élégantes.

vieil ami qui l'aimait comme un père, il avait, contre son habitude, le visage épanoui, et il comblait la jeune maîtresse de maison de soins affectueux. La douceur de Marthe, la raison, le bon sens qu'il lui reconnaissait avaient apprivoisé cette nature un peu rude.

De même qu'elle lui avait semblé être le type de la jeune fille accomplie, de même elle lui apparaissait maintenant comme l'idéal de la jeune femme.

Après le café, on se leva de table. Marthe prit le bras du vieux M. Dornand, et sortit la dernière, ainsi que cela se fait[1].

On passa la soirée dans le hall. Cette pièce réunissait tout. De plus, elle était savamment disposée pour que les causeries s'établissent commodément. A l'aspect pittoresque d'un atelier, elle joignait le confort d'un salon élégant. Le piano et l'orgue s'y trouvaient.

S'il est indiscret, en certaines circonstances, de faire payer à des invités le tribut de leurs talents, il y a des occasions où l'abstention serait au contraire peu flatteuse et ressemblerait à une marque d'indifférence.

1. L'usage demeure le même en ce point. C'est toujours le maître de la maison qui ouvre la marche, ayant à son bras la dame placée à sa droite.

Mme Lefort possédait un talent musical des
plus sympathiques. Elle ne se faisait jamais prier
pour le produire, se trouvant heureuse d'être
agréable à ses amis.

Marthe la pria donc de se mettre au piano et
fit taire les conversations, car il appartient à la
maîtresse de la maison de savoir faire écouter
avec attention l'artiste qui veut bien payer de sa
personne.

Tout le monde connaît la façon spirituelle
dont Liszt donna une leçon à son noble auditoire, un jour qu'il exécutait un morceau de sa
composition devant la cour d'Autriche. Tandis
qu'il était au piano, l'empereur, penché vers un
personnage de son entourage, causait à voix
basse, sans prêter à l'artiste et à son œuvre
l'attention voulue. Brusquement Liszt s'arrêta.
L'empereur, étonné, interrompit sa conversation
et interrogea du regard. Un chambellan s'approcha de l'artiste.

— Qu'y a-t-il, monsieur Liszt; qu'avez-vous?

— C'est bien simple, répondit l'artiste en élevant la voix, de façon à être entendu de toute
l'assemblée. L'empereur parle... tout le monde
alors ne doit-il pas se taire?

Mme Chamblay savait que tous ses invités
aimaient la musique, et il n'y avait pas à craindre

qu'elle fût obligée de rappeler personne à l'ordre. Car, dans le cas où, contre son attente, une maîtresse de maison entendrait chuchoter pendant l'exécution d'un morceau, un signe d'elle, un «chut» discret, suffirait à rétablir le silence.

Après la musique, les causeries reprirent une animation nouvelle ; causeries intimes, faciles, aimables, spirituelles[1].

Chez les Chamblay on savait causer. Tout sujet, qu'il soit frivole ou grave, plaisant ou sérieux, peut faire la matière d'une conversation agréable, pourvu qu'il soit traité avec esprit et qu'il plaise à ceux qui y prennent part.

Vers onze heures on servit le thé[2].

1. La conversation, a dit Swift, est la grande école de l'esprit, non seulement en ce sens qu'elle l'enrichit de connaissances que l'on aurait difficilement puisées à d'autres sources, mais en le rendant plus vigoureux, plus juste, plus pénétrant, plus profond. Il ajoute que le plus grand nombre des hommes et de ceux-là mêmes qui ont donné le plus de culture à leur esprit, tiennent une grande partie de leurs connaissances de la conversation.

2. On le sert de plusieurs façons. Il y a des personnes qui font apporter dans le salon une table légère, genre américain, formée de deux grands plateaux de laque superposés, avec une poignée de chaque côté pour la porter. La bouilloire, la théière, le pot à crème, les tasses, sont rangés tout autour. Si les invités sont nombreux, on multiplie ces tables. Ce n'est pas un système assez pratique pour être recommandé. D'autres maîtresses de maison font apporter, vers onze heures, par le domestique, des plateaux chargés de tasses à thé toutes servies.

Marthe fit passer ses convives dans la salle à manger, où le service à thé était dressé sur la table du milieu. Les assiettes de petits fours du dîner, presque intactes, avaient été reformées par les soins des domestiques et placées autour d'une brioche et d'un baba commandés pour le thé du soir.

Quoiqu'elle eût fait pour le mieux, la jeune femme se demandait si elle s'était bien acquittée de ses fonctions de maîtresse de maison. Le lendemain matin, la jeune Mme Chamblay entra chez sa belle-mère plus tôt que de coutume.

— Qui vous amène de si bonne heure, mon enfant? dit la vieille dame, qui, tout habillée malgré l'heure matinale, tricotait au coin du feu.

— Ma mère, dit Marthe en s'asseyant sur une chaise basse près de Mme Chamblay, je viens

Ce n'est pas élégant et ce n'est tolérable que lorsque les invités sont très nombreux.

La façon la plus convenable, la plus élégante et la plus pratique à la fois, consiste à faire passer les convives dans la salle à manger, où les domestiques ont remplacé par un service à thé le couvert qu'ils viennent d'enlever. Les tasses à thé sont placées autour de la table, sur de petites serviettes pareilles à la nappe. Les assiettes de gâteaux, de petits fours sont disposées au milieu, à peu près comme pour un dessert. La théière doit être remplie, car en ce cas ce n'est point la maîtresse de maison qui fait elle-même le thé.

vous demander votre avis ou plutôt votre impression sur la soirée d'hier?

Le tricot tomba des mains de la vieille dame.

— Mes impressions, ma belle, sur quoi, à
propos de quoi?

— A propos de mon dîner. Je suis encore bien
novice dans l'art de conduire un ménage et je
sais que vous, ma mère, vous êtes une maîtresse
de maison parfaite.

— Oh! parfaite, vous exagérez, ma chère fille.
Chaque époque a ses usages. On ne sert pas aujourd'hui comme on servait de mon temps. Je
faisais sans doute autrement, mais je ne faisais
pas mieux.

— Alors, dit Marthe un peu inquiète, selon
vous, il y aurait peut-être quelque chose à
redire.

— Je ne prétends pas cela, fit Mme Chamblay
avec un sourire.

— Soyez très sincère, ma mère, expliquez-moi
bien votre pensée. Ne craignez pas de me faire
de la peine. Je viens pour prendre une leçon.

— Je vous le répète, chère enfant, autre temps,
autres mœurs. A l'époque où je recevais, il était
d'usage d'avoir deux ou trois services. On appelait *service* un jeu de quatre réchauds ronds en
argent, supportant des plats couverts, au milieu

desquels on plaçait un réchaud oblong, destiné
au plat principal. Selon l'importance du dîner,
on mettait deux ou trois services. Aujourd'hui
on remplace les plats par des fleurs. C'est moins
plantureux, mais plus économique. Les petits ap-
pétits ne s'en plaignent pas, mais les autres...
Après tout, on dégénère tellement que les esto-
macs d'aujourd'hui se trouvent peut-être bien de
ce régime.

— Il n'y avait donc pas de quoi manger? demanda Marthe avec inquiétude.

— Mais si, mais si, ma fille, dit en riant
Mme Chamblay, ne froncez pas vos jolis sourcils.
Tout était très bien, très à la mode, et tout à fait
ce qu'il faut pour plaire à mon cher fils, qui est
un moderne, celui-là.

Malgré cette fiche de consolation, la jeune
femme s'en retourna, un peu mortifiée, mais son
aimable naturel reprit bientôt le dessus, et elle
se promit à l'avenir de compter avec les goûts de
sa belle-mère.

Raymond Chamblay était un *moderne*, si l'on
entend par là un être jeune, intelligent, aimant
la vie dans ce qu'elle a de noble et de beau, mais
l'aimant aussi dans ses plaisirs et son élégance.
Très occupé au dehors pour d'importantes
affaires qui lui prenaient la plus grande partie

de son temps, il était heureux de trouver chez
lui un intérieur coquettement paré, et sa jeune
femme élégamment vêtue. Sa nature généreuse
lui faisait regarder comme un devoir de dépenser
tout son revenu. L'économie, chez les privilégiés
de la fortune, est un vol fait aux pauvres, répon-
dait-il à sa mère, lorsque celle-ci lui reprochait
de ne point assez songer à l'avenir.

Les mères, ainsi que le disait Mme Le Perrier
à sa fille, ont parfois la double vue en ce qui
concerne leurs enfants. L'avenir ne devait que
trop le prouver.

CHAPITRE VI

OBLIGATIONS MONDAINES.

Il fallut songer aux visites de noces. Marthe ne les fit que six semaines après son mariage.

Elle commença, bien entendu, par les parents les plus proches. Après la famille vinrent les amis, par rang d'âge et d'intimité : les plus âgés et les plus intimes d'abord.

M. et Mme Chamblay allèrent chez toutes les personnes ci-dessus désignées à leur jour. Pour les simples relations mondaines, ils firent leurs visites au hasard, laissant des cartes au concierge dans le cas d'absence. Ils pliaient ces cartes verticalement du côté gauche.

Avec sa grâce modeste, son maintien réservé, son tact parfait, la jeune Mme Chamblay recueillit tous les suffrages. Sa toilette était exquise : une robe de peluche saphir bordée de renard bleu moulait sa taille svelte; un chapeau en dentelle blanche avec pouf de plumes hortensia, sans voilette; un imperceptible manchon de renard bleu, des gants de Suède, couvrant le bras jusqu'au coude; des fleurs de saison négligemment

attachées au corsage ; peu de bijoux ; des boutons de diamants, quelques porte-bonheur sur
les gants.

Marthe laissait son manteau de fourrure dans
l'antichambre.

Le jeune ménage accomplit vaillamment dans
les délais cette corvée obligatoire, faisant, selon
l'usage, des visites très courtes. Cette besogne
terminée, Marthe pensa qu'il lui fallait faire
comme tout le monde, et prendre un *jour*. Elle
décida qu'elle recevrait le samedi. Ses cartes
d'invitation furent ainsi libellées :

Madame Raymond Chamblay.

Samedi matin[1].

Marthe préférait n'avoir qu'un jour par semaine
afin d'être libre les autres jours. Elle voulait régler sa vie et faire la part de chaque chose : celle

1. *Matin* signifie de trois à sept heures du soir. La langue
mondaine n'est pas toujours logique. Les femmes que l'obliga-
tion de rester chez elles toute une journée ennuie, reçoivent tous
les jours, de telle à telle heure. En ce cas, elles mettent sur
leur carte — comme pourrait le faire un médecin — de une
heure à trois — ou de cinq à sept heures.

du ménage et celle du monde. Puis enfin, celle
qui la regardait seule : ses devoirs envers son
mari, envers sa mère, envers les pauvres. Car
c'était une bonne chrétienne, éclairée de cette
piété solide, de cette foi robuste qui fait chercher
en Dieu le principe de tout devoir.

Après les inévitables dissipations des premiers
temps du mariage, lorsque l'existence reprit son
cours régulier, Marthe voulut se remettre à ses
habitudes de travail. Comme toute femme qui
désire avoir une maison bien ordonnée, elle se
levait de bonne heure et donnait ainsi aux domestiques l'exemple de l'activité. Un des premiers soins de la jeune femme était d'aller à la
cuisine, le matin, d'y vérifier ce que contenait le
garde-manger, de donner avec les ordres, les
provisions pour la journée et de régler la dépense
de la veille.

Pour le petit déjeuner, elle restait en robe de
chambre, mais aussitôt après, elle s'habillait
pour ses visites de charité, dans lesquelles elle
était quelquefois accompagnée par sa belle-mère.

Le déjeuner se servait exactement à midi,
Mme Chamblay mère tenant beaucoup à la ponc-
tualité des repas.

Après le départ de son mari, Marthe se réservait deux heures pour ses études personnelles.

Sans être une grande pianiste, elle était bonne
musicienne, et ne voulait point abandonner un
talent qui lui avait donné tant de peine à acquérir. Elle aimait la musique, comprenait et appré-
ciait les grands maîtres. Au contraire de ce que
reprochait Töpffer aux jeunes filles qui n'ont que
des *doigts*, Marthe était artiste plutôt que pianiste.
Son talent en peinture était réel, et elle se promettait bien de reprendre ses leçons avec son
amie, Mlle Hélène Emery, laquelle était une aquarelliste des plus distinguées. Le reste de l'après-
midi se passait chez sa mère, puis elle rendait
des visites avec ou sans cette dernière.

La jeune femme rentrait toujours de façon à
être là pour donner son coup d'œil de maîtresse
de maison aux choses du service. Lorsque son
mari arrivait, il la trouvait gracieusement parée
pour le recevoir, et prête à sortir avec lui, ou à
rester selon son bon plaisir. Si Raymond, un
peu las, désirait passer la soirée chez lui, elle lui
faisait de la musique, ou travaillait à ses côtés,
tandis qu'il lisait tout haut quelques passages
intéressants d'un ouvrage nouveau.

Lorsque Mme Chamblay mère se retirait dans
sa chambre, il arrivait même parfois que Raymond se laissât aller à son plaisir de causer
science avec sa femme.

Il lui reconnaissait un esprit assez ouvert et assez cultivé pour aborder avec elle les sujets les plus sérieux. Ces conversations stimulaient l'ardeur de Raymond pour l'étude et il trouvait chez Marthe un écho qui répondait à sa pensée. Il était souvent étonné des remarques judicieuses, des observations fines et sagaces de sa jeune femme.

— Mais, en vérité, lui dit-il un jour, on croirait, ma chérie, que tu as fait tes études à l'Ecole centrale.

Marthe se mit à rire :

— Je te comprends, parce que tu exprimes tes idées si nettement qu'il est impossible de ne pas les comprendre. Tout le monde en ferait autant à ma place.

— J'en doute, ma mignonne. Crois-tu, par exemple, que ta cousine Jacqueline — la vicomtesse, comme dit sa mère — comprendrait un traître mot dans un entretien sérieux? demanda Raymond en souriant.

— Tu prends une exception. La pauvre Jacqueline a été mal élevée, ou plutôt elle s'est élevée toute seule et les enfants sont toujours paresseux. Mais elle est si charmante et si aimable! fit Marthe avec bonté.

— Je t'accorde cela. C'est un météore inoffensif; une jolie linotte, qui parle toilette, modes, sport, théâtre, à tort et à travers. Lorsqu'elle entre en sautillant, il me semble toujours qu'elle va aller se percher sur quelque meuble, comme le perroquet de maman.

— Tu es méchant...

— Sévère, mais juste. Non, vraiment, ce n'est pas une femme, cela, et je plains sincèrement son mari.

— Philibert ne la vaut pas. Après l'avoir épousée pour son argent, il la délaisse et passe sa vie au club, et dans les coulisses de l'Opéra.

— Crois-tu, par hasard, qu'elle en souffre? Pas le moins du monde. Jacqueline s'est mariée pour être libre, pour s'amuser, pour trouver le mouvement perpétuel. Elle donne des fêtes, ses écuries sont citées sur le turf; ses voitures armoriées, ses laquais poudrés l'amusent beaucoup. La danse, les courses, les visites ne lui laissent pas un moment de repos. Son mari ne la gêne en rien. Que veux-tu de plus?

— Mon Dieu, tu as raison, mais pourtant je crois que l'on aurait fait quelque chose de Jacqueline, en la traitant autrement. Elle est frivole, mais elle a un certain respect pour les choses sérieuses. En la raisonnant...

— Permets, chère amie, un mari n'est pas

une institutrice, et puis, vois-tu, il est trop tard. Quand l'imagination, l'impressionnabilité, ces facultés que possèdent les femmes à un si haut degré, n'ont pas été dirigées dès l'enfance, par un esprit sage et éclairé, leurs forces morales dévient et se portent aussi puissamment vers le mal que vers le bien.

— Si son mari l'avait aimée sincèrement, il l'eût peut-être sauvée, soupira Marthe, qui ne pouvait se défendre d'une certaine sympathie et d'une vraie pitié pour sa brillante cousine.

Il faut dire que, si différente que fût Mᵐᵉ Chamblay de Mᵐᵉ de Moissart, cette dernière lui témoignait beaucoup d'amitié. A cette amitié qu'éprouvait Jacqueline pour Marthe, il se mêlait une sorte de déférence, dont elle ne s'expliquait pas la cause. Sans le savoir, elle subissait l'ascendant de cette nature sérieuse et simple dont la supériorité lui échappait pourtant.

Bien que sa position fût, à tous les points de vue, au-dessus de celle de Marthe, elle sentait qu'en cette circonstance, la moins riche n'était pas la moins bien partagée. Si magnifique que fût sa demeure, elle n'y trouvait d'attrait que les jours de réception. En dehors de ceux-là et lorsqu'elle se trouvait en face de son mari et de ses beaux-parents, dont elle ne parlait pas la langue, elle n'avait qu'une idée, c'était de se sauver de chez elle, pour fuir l'ennui qui la gagnait. Son petit enfant, lui-même, ne parvenait pas à l'intéresser. Elle s'en amusait à ses heures pour l'attifer comme une poupée et jouait avec lui comme elle avait joué autrefois avec son petit chien havanais.

Une superbe nourrice arlésienne, enrubannée, dont la coiffure attirait tous les regards, l'accompagnait à la promenade, lorsque, par hasard, il lui prenait fantaisie de sortir son fils. Elle tombait quelquefois chez Marthe à l'improviste, et scandalisait fort Mme Chamblay mère, par ses airs évaporés, son élégance tapageuse et son langage excentrique.

D'autres fois, quand elle trouvait Marthe seule, une teinte de mélancolie se mêlait à sa grande gaieté — une lueur de raison traversait parfois ce cerveau vide et lui montrait le néant des joies factices de sa vie décousue. Ces jours-là, Marthe l'aimait pour de bon et essayait de la catéchiser.

— Non, non, disait Jacqueline en reprenant son joli rire, ne me fais pas de morale — pas encore du moins — plus tard, je viendrai t'en demander, quand je m'ennuierai davantage.

— Tu t'ennuies! et tu as un enfant, un mari, une maison, une famille! s'écriait Marthe.

— Bien sûr! Je m'ennuie! Quand j'ai fait faire
risette à mon fils, que j'ai inspecté sa toilette,
que j'ai fait la révérence à ma belle-mère, que
j'ai demandé à Philibert quelques billets de
banque pour la journée, il ne me reste plus rien
à faire chez moi.

— Et ton ménage? demanda Marthe. Qui s'en
occupe?

— Tu oublies Mme la comtesse douairière de
Moissart, qui commande du haut de son cadre.

— Pourtant tes fêtes! Ce n'est pas elle qui les
organise?

— Oh! cela me regarde. Je m'entends à ces
choses-là, parce qu'elles m'amusent. Toujours
mes mêmes principes.

Marthe ne sourcilla pas. Son silence éloquent
impatienta Jacqueline.

— Mais, mon Dieu, dit-elle, ne fais-tu pas
mieux toi-même ce qui te plaît? Et n'aimes-tu
pas aussi à t'amuser?

— Sans doute, mais il y a temps pour tout.

— Ah! j'allais oublier de te dire que je quête,
à Sainte-Clotilde, jeudi prochain, pour l'OEuvre
des enfants assistés et que je compte sur ton
offrande.

CHAPITRE VII.

Pendant quelque temps, Marthe eut une série
de dîners à donner. Dîners de retour de noces.
Les uns intimes, les autres parés. Pour ces derniers, elle prit deux maîtres d'hôtel qu'elle adjoi-
gnit à Constant. Dès la veille, elle s'occupait
elle-même de la partie élégante du dîner et commandait, dans les premières maisons, certains
mets extra, ainsi que les fleurs, le dessert, les
glaces.

Elle envoyait, le matin, la cuisinière aux
Halles, avec des ordres précis pour les détails du
marché : poisson, viandes, volaille, légumes, etc.
Le menu que, par condescendance, elle soumet-
tait à sa belle-mère, était presque toujours ap-
prouvé sans restriction par cette dernière. Un
service complet, en porcelaine de Limoges, peinte
à la main, était réservé pour les grands jours,
ainsi que les cristaux de Baccarat, unis et chiffrés. Le linge damassé, des plus fins, élégamment brodé, n'était point, comme pour les tables
à thé, garni de dentelle — le luxe du linge de

table consistant surtout dans sa blancheur immaculée et sa finesse. L'argenterie de famille, des
plus luxueuses, servait en toutes circonstances.
Les candélabres, qui remplacent aujourd'hui la
suspension démodée, étaient en vieil argent et
garnis de nombreuses bougies. Pour les vins,
Marthe s'entendait avec son mari. Les vins fins,
les vins ordinaires étaient tous des meilleurs
crus.

La façon de servir un dîner est toujours à peu
près la même dans toutes les maisons bien
tenues. Marthe avait été à trop bonne école pour
n'être point au courant des meilleurs usages de
la bonne compagnie. Dans ses grands dîners, les
assiettes à potage ne paraissaient sur la table
que servies. Sous la nappe, la table était recouverte d'une épaisse couverture de molleton. Quoiqu'elle eût deux maîtres d'hôtel, la jeune maîtresse de maison surveillait elle-même le dressage
des plats et l'arrangement de la table. Chaque
convive avait, selon l'usage, quatre verres, sans
compter la coupe à vin de Champagne. Ils étaient
placés à la droite du couvert et rassemblés ainsi :
le grand verre à eau rougie, le verre à bordeaux,
le verre à bourgogne, le verre à madère [1].

1. Pour les vins de dessert « extra » les domestiques appor-
tent les verres en même temps que les vins. Le vin de Madère

Voici de quoi se composait généralement le menu de ces grands dîners :

Un potage.

Quatre entrées dans lesquelles figurait, en première ligne, le poisson ;

Deux rôts ;

Légumes et salades ;

Chaudfroid ;

Deux entremets, dont un glacé ;

Desserts.

A l'un de ces derniers grands dîners, figuraient des cousins des Chamblay, M. et Mᵐᵉ Lemonnier, le vicomte et la vicomtesse de Moissart, puis des amis : M. et Mᵐᵉ Blavet, Germaine Blavet, compagne de cours de Marthe, devenue Mᵐᵉ Delaze, et son mari, Jacques Dornand, et quelques amis de Raymond ; en tout vingt couverts.

Ce jour-là, la table, étincelante de lumières, de cristaux, d'argenterie, garnie de fleurs, de fruits, de friandises les plus exquises, offrait un coup d'œil particulièrement attrayant. Marthe s'était

se sert après le potage, puis viennent, dans le courant du dîner, les vins de Bordeaux, de Bourgogne, du Rhin, etc. Ce n'est qu'au dessert qu'il est d'usage d'offrir les vins sucrés, tels que Xerès, muscat, tockai, etc. Le vin de Champagne ne se sert guère que frappé et tout le temps du dîner.

Une règle indispensable à observer, est celle-ci : les domestiques présentent toujours les plats à gauche des convives, mais ils versent les vins à droite.

5

surpassée. Elle avait elle-même peint les cartes
du menu, trouvant pour chaque invité un em-
blème différent. Elle savait si bien que pour
quelques-unes de ses amies qui assisteraient à
ce dîner la tenue de sa maison serait un objet de
curiosité.

Chez Mme Blavet, chez sa fille surtout, Germaine Delaze, le luxe du service était la pensée
dominante des maîtres de la maison. Non seulement ils tenaient à étaler leurs richesses, mais
encore à faire du genre. Le dîner en lui-même ne
les préoccupait pas beaucoup ; l'important était
qu'il fût servi à la russe, à l'anglaise ou à la
française, selon la mode du moment. La conversation roulait toujours sur l'argenterie, les cristaux, les porcelaines, la tenue des gens, en un
mot sur le bien-être luxueux que donne la fortune. C'est ce que l'on pourrait nommer le pédantisme de l'élégance.

Pour que cette élégance de détails soit attrayante, il faut qu'elle soit accompagnée d'une
grande simplicité ou, pour mieux dire, il faut
qu'elle soit devenue si familière que l'on s'y sente
à l'aise sans deviner l'effort qui l'a préparée.
Marthe possédait cette qualité. Quoiqu'elle fût
très contente d'avoir une maison richement
montée, et qu'elle se fît un point d'honneur de la

bien tenir, elle savait — une fois tous les apprêts terminés et soigneusement surveillés — oublier le côté matériel pour redevenir femme du monde et s'occuper gracieusement de ses invités. Ne pouvant généraliser la conversation lorsque les convives étaient aussi nombreux, elle groupait les personnes qui se connaissaient et qui se plaisaient, et établissait un centre de conversation au milieu de la table, dirigée par elle et son mari.

Raymond avait soin de choisir des sujets qui appartiennent à tous — ceux qui touchent aux beaux-arts, à la littérature — et gardait pour les réunions intimes les questions qui l'intéressaient plus personnellement : les idées d'ordre, de justice, de morale, les découvertes de l'industrie, les problèmes de l'économie politique. « La conversation n'est vraiment agréable, disait-il, qu'autant qu'elle présente une variété de sujets capables de plaire à chacun des assistants. »

Marthe, de son côté, avait le don de trouver le mot propre à relever l'entretien prêt à s'éteindre. Son esprit avait du *trait*. On aurait pu lui attribuer cette gracieuse remarque de Mme Necker : « Les femmes tiennent dans la conversation la place de ces légers duvets qu'on introduit dans les caisses de porcelaine; on les compte pour rien et sans eux tout se brise. »

Marthe avait à ses côtés les deux messieurs les plus âgés de la société : M. Lemonnier et M. Blavet. A la droite de Raymond se trouvait, comme toujours, Mme Chamblay mère ; à sa gauche, Mme Blavet. Pendant le dîner, des regards d'intelligence s'échangèrent entre Mme Blavet et Germaine placées en face l'une de l'autre. L'esprit dénigrant de cette dernière eût été satisfait de découvrir quelque chose à critiquer. Par malheur, tout était irréprochable ; elle dut s'avouer, non sans étonnement, que le service était aussi correct que somptueux.

Vers le milieu du repas, les conversations particulières étaient établies. Commencées à voix basse, elles s'animaient peu à peu et bientôt l'entrain devint général. Un des bouts de la table était particulièrement bruyant, celui où se trouvait Jacqueline. Placée à côté de Jacques Dornand, la cousine de Marthe se faisait remarquer par ses éclats de voix et ses fusées de rire. Sa verve endiablée amusait le jeune artiste, dont l'esprit fin aiguisait chez cette petite créature frivole le désir de plaire. Des attaques et des ripostes brillantes s'échangeaient entre eux. Jacques la bombardait de compliments. C'était bien là ce qu'elle aimait. Elle respirait. Elle oubliait, pour quelques instants, les réunions gla-

ciales, les manières compassées du faubourg
Saint-Germain.

Ce *flirt* entre les deux jeunes gens n'échappait
pas à l'œil scrutateur de Germaine, qui s'étonnait
fort du calme et de la placidité du vicomte Philibert, lequel causait avec elle sans paraître
s'apercevoir de rien. « Ce mari est bien aveugle
ou bien indifférent », se disait-elle en répondant
aux banalités qu'il lui adressait.

Germaine manquait d'indulgence. De plus,
elle n'était pas initiée aux usages de ce monde à
la fois aristocratique et relâché que l'on pourrait
nommer « la bohème de l'aristocratie », où les
ménages sont à peine une association, où chacun
vit à sa guise, laissant à son partner une liberté
faite d'indifférence et de mépris.

De nature orgueilleuse, mais honorable et rigide, elle n'eût pas compris ces sortes de transac-
tions, et se fût trouvée offensée d'être traitée par
son mari comme un objet de peu de conséquence.
Elle s'indignait encore plus contre M. de Moissart
que contre Jacqueline, qu'elle considérait comme
une folle.

Plus indulgente et plus affectueuse, Marthe
souffrait véritablement de voir sa jolie cousine
s'afficher ainsi; elle rencontrait parfois les yeux
de son mari; son regard semblait lui dire :

« N'ai-je pas raison? n'est-elle pas incorrigible? »

Le dîner touchait à sa fin.

Ainsi qu'il arrive dans les réunions nombreuses, tout le monde parlait à la fois. Sur un signe de Marthe, les portes s'ouvrirent. Elle se leva, et, prenant le bras de M. Lemonnier, elle attendit que tous les convives eussent défilé pour quitter à son tour la salle à manger. On passa dans le salon. Les portières relevées permettaient de voir le hall éclairé *a giorno*, et dans lequel était préparée la table servie avec le café et les liqueurs[1].

Profitant de l'expérience de sa mère, Marthe avait arrangé son salon avec cette absence voulue de symétrie qui permet à chacun de se placer à sa guise.

Mme de Girardin a dit « qu'une conversation amusante ne peut jamais naître dans un salon où les meubles sont rangés symétriquement ». Et c'est bien vrai. Cette femme spirituelle prétendait que, dans les salons trop bien rangés, les premières heures de la soirée sont mortellement

---

1. Bien qu'il soit plus moderne de servir le café à table, on peut pourtant, lorsque les convives sont très nombreux, le servir à part sans commettre, pour cela, un crime de lèse-étiquette. C'est pour ainsi dire facultatif. Cette dernière manière offre cet avantage, qu'elle permet aux gens de circuler, et qu'elle établit, dès le début de la soirée, un courant d'animation.

ennuyeuses et que ce n'est que vers la fin de la
soirée, lorsque la symétrie se trouve rompue,
lorsque le mobilier a malgré lui cédé aux nécessités, aux intérêts de la société, que les causeries s'établissent et que l'on commence à s'a-
muser.

Elle donne le conseil d'étudier alors le désordre
du salon; ce désordre intelligent doit être un
enseignement; tous les sièges restent encore
placés de la manière la plus commode pour la
conversation. Il faut donc étudier leur disposition
ingénieuse et qu'elle devienne l'arrangement de
tous les jours. « Il doit y avoir, dans un salon,
des massifs de chaises et de canapés, comme il
y a dans un jardin des massifs d'arbres et d'arbustes. »

C'est ainsi que Marthe avait arrangé son salon
Renaissance. Pour éviter que les femmes fussent
assises ensemble, et que les hommes demeu-
rassent à part dans l'embrasure d'une porte, ou
dans la chambre à côté, la jeune maîtresse de
maison n'avait point aligné les sièges. Près des
canapés on voyait des fauteuils, des chaises
volantes formant groupes. Autour d'une table
Henri II chargée d'albums et de gravures, divers
sièges. Tout cela avait l'air aisé et point cherché.
En réalité, c'était le résultat des combinaisons

les plus savantes. N'en est-il pas ainsi pour toutes les choses d'art?

Dans ce milieu artistique et élégant, qui encadrait si bien la beauté poétique de Marthe, tout était harmonieux et semblait être à sa place. Elle faisait elle-même avec tant de grâce et de simplicité les honneurs de sa maison, que chacun se sentait à l'aise.

Après le café, qui fut servi par les trois jeunes femmes, chacun se plaça à sa fantaisie. Une table de whist fut réclamée par M. Blavet.

— Si nous taillions un bac, fit le vicomte, que la vue des cartes avait le don d'impressionner.

Cet appel resta sans écho, et les causeries s'établirent deci, delà.

Jacqueline s'installa dans la chaise à porteurs de la dame chinoise. Un petit cercle se forma autour d'elle. Deux jeunes gens, des ingénieurs qui travaillaient sous les ordres de Raymond, fascinés par la grâce provocante de la jeune vicomtesse, s'étaient assis près d'elle, ainsi que Jacques Dornand et quelques autres. Elle pérorait depuis quelques instants, faisant toutes sortes de minauderies pour imiter la dame chinoise, et les hommes de rire.

— On se croirait à Guignol, remarqua Germaine avec un sourire de dédain.

— C'est une enfant, répondit Marthe qui entendit le propos.

Pour couper court aux extravagances de sa cousine, elle alla droit à elle.

— Je te demande pardon, ma chère Jacqueline, de t'enlever un de tes auditeurs, mais la société le réclame.

— Voudriez-vous bien, monsieur, continua-t-elle en se tournant vers Jacques Dornand, nous faire le plaisir de nous chanter quelque chose?

S'il n'eût été un statuaire de grand talent, Jacques aurait pu être un chanteur de premier ordre. Il avait une voix bien rare aujourd'hui, voix de ténor, à la fois chaude et bien timbrée. Avec des dispositions naturelles, il ne lui avait fallu qu'un peu de travail pour devenir un très agréable chanteur.

Il s'inclina devant la jeune femme.

— Je suis à vos ordres, madame; mais qui m'accompagnera?

— Moi, si vous le voulez bien, répondit Marthe.

Le jeune homme, un peu surpris, ne répliqua pas. Il connaissait le talent d'aquarelliste que possédait Mme Chamblay; mais il ne la savait pas musicienne. Jacques chanta des mélodies de Schumann; puis on lui demanda la célèbre cavatine de *Faust* : « Salut, demeure chaste et pure. »

Ce fut un véritable triomphe pour le chanteur. Jacques voulut faire partager son succès à sa belle accompagnatrice.

— Jamais, madame, je n'ai été aussi bien accompagné, lui dit-il en la remerciant.

Jacqueline voulut danser. Marthe se remit au piano et joua une valse. Mais, auparavant, elle dit tout bas à M. Delaze :

— Vous seriez bien aimable de faire danser Mme de Moissart !

Le notaire invita gravement la jeune femme, dont l'entrain tomba bientôt. Après quelques tours de valse, elle se déclara fatiguée.

La soirée se prolongea fort tard. Le vicomte s'excusa de partir le premier. D'autres engagements le réclamaient. Il demanda à sa femme si elle voulait qu'il la reconduisît.

— C'est inutile, dit-elle. Vous me renverrez la voiture.

Ce dernier incident acheva de stupéfier Germaine. Elle s'attendait, en l'absence de M. de Moissart, à quelque extravagance nouvelle. Mais elle fut déçue dans son attente. Mme Le Perrier accapara Jacqueline et la tint bon gré, mal gré, près d'elle jusqu'à la fin de la soirée.

CHAPITRE VIII

LE JOUR DE MARTHE.

Le cercle de Marthe s'étendait de plus en plus. Son *jour* était très suivi. Elle avait du premier coup conquis sa place parmi les femmes les plus recherchées. On était certain, en venant chez elle, de trouver un accueil toujours gracieux, un milieu intelligent, où la conversation n'était pas, comme dans certains salons, banale et frivole. A la fois sérieuse et gaie, Mme Chamblay savait se mettre au niveau des gens qu'elle recevait et donner à la conversation ce tour aisé, ce parfum de bonne compagnie que l'on respire dans la société de ceux qui savent bien penser et bien dire.

A trois heures — on ne reçoit guère avant cette heure-là — Marthe était dans son salon en tenue de réception : robe claire montante, longs gants de Suède. La mode le veut ainsi. Ces jours-là, elle s'occupait elle-même de l'arrangement de ses salons. Toutes les jardinières étaient remplies par ses soins. Sur le piano à queue, une immense bourriche de joncs contenait des rosiers en

pleine terre, entourés de feuillages légers, de
plantes vertes qui s'enlaçaient autour de l'anse,
de laquelle retombait un large nœud de satin
vieil or. Des gerbes, des bouquets de fleurs de
saison étaient disséminés un peu partout.

Dressée dans un coin du salon, la table à thé
obligatoire offrait un charmant coup d'œil. Recouverte d'une nappe de toile brodée, garnie de dentelle de Flandre, elle était chargée de tous les
accessoires dont se composent ces lunchs à la
mode : une théière, un samavar en vieille argenterie, un service à thé en vieux sèvres rose. Dans
les assiettes, les friandises les plus exquises : pains
fourrés, tartines au caviar, sandwichs au foie
gras et au jambon, pâtisseries sèches, etc., etc.
Un flacon de vin d'Espagne pour les personnes
qui ne prenaient pas de thé.

Ce lunch, que l'on trouve aujourd'hui dans
toutes les maisons élégantes, restait servi en
permanence. Vers quatre heures, la première
jeune fille qui arrivait en visite était chargée par
Marthe de faire les honneurs de ce *five-o'clock tea*.
La maîtresse de la maison se doit toute à ses
hôtes.

A partir de ce moment, la table offrait l'aspect
d'un repas commencé, et les nouveaux arrivants
y prenaient part, s'il leur plaisait. De cinq heures

à sept heures, les visites se pressaient. Marthe
se levait pour tout le monde, excepté pour les
jeunes gens, bien entendu. Elle n'avait point de
place désignée et s'asseyait pendant quelques minutes près de la nouvelle venue.

Quoique la mode de présenter les dames entre
elles ne subsiste plus, Marthe s'arrangeait de
façon à ce que chacune sût avec qui elle causait.
Elle reconduisait les partants jusqu'à la porte du
salon seulement[1].

Parmi les anciennes amies de Marthe, il n'y
avait de vraiment assidues à son jour que Germaine Delaze, Jacqueline de Moissart, Colette
Blavet et Jeanne d'Arlac, née de Champfleur;
quant à Hélène et à Geneviève, trop occupées
toutes deux pour venir souvent, elles préféraient,
quand elles avaient un moment de liberté, voir
Marthe toute seule.

Colette Blavet— sœur cadette de Mme Delaze—
était devenue une jolie fille ; moins poseuse,
moins personnelle que sa sœur Germaine, pro-
bablement parce qu'elle avait été moins gâtée,

1. Une maîtresse de maison ne doit jamais franchir le seuil
de son salon. Pour être polie avec les uns, elle commettrait
une impolitesse envers les autres. Le valet de chambre doit se
tenir prêt dans l'antichambre, à accompagner les visiteurs jusqu'à la porte qu'il ouvre devant eux. C'est lui qui également
les introduit au salon, sans annoncer.

elle personnifiait le type de la jeune fille moderne, bonne enfant. Marthe l'avait choisie pour aide-de-camp et lui confiait généralement la mission de servir le thé. Geneviève Emery passait généralement le jeudi, son jour de congé, avec Marthe. Les deux amies se retrouvaient ensemble avec plaisir et remontaient vers le passé, égrenant avec des rires joyeux leurs souvenirs d'enfance : « Te rappelles-tu ceci? Te rappelles-tu cela? » Et c'était pour toutes deux une journée charmante.

Jeanne d'Arlac, ancienne compagne de cours de Marthe, qui professait pour celle-ci l'admiration la plus enthousiaste depuis son mariage, ne manquait pas un samedi. Très liée également avec Germaine Delaze, elle était certaine de la rencontrer chez Marthe. Ces deux jeunes femmes, très différentes sous beaucoup de rapports, avaient pourtant un point par lequel elles se rapprochaient : elles étaient pétries de vanité. La convention, les belles manières étaient la règle de leur conduite; il n'y avait chez l'une comme chez l'autre ni un mot sincère, ni un mouvement du cœur.

Les succès qu'obtenait Marthe dans le monde, par des moyens tout opposés, leur causaient une secrète envie, qu'elles dissimulaient sous une apparence d'amitié. Les natures envieuses n'aiment pas les vertus des autres; leur vanité en souffre. Germaine et Jeanne, tout en accablant leur amie de démonstrations affectueuses, enrageaient de tout ce qui lui arrivait de bon; elles enviaient Marthe et la dénigraient.

De cinq à sept heures, le salon de la jeune Mme Chamblay réunissait, outre ses anciennes amies, la plupart de ses connaissances nouvelles. Germaine et son amie Jeanne restaient les dernières pour assister au défilé de tous les visiteurs.

Germaine, avec son air dédaigneux, sa démarche imposante, paraissait persuadée que l'univers la contemplait; froide avec les uns, elle condescendait à être aimable avec certaines personnes, généralement avec celles qui affichaient des manières de haut ton.

Quant à Jeanne d'Arlac, elle était toujours en scène. Sa voix, sa manière de prononcer les mots ou de traîner les phrases, tout cela était préparé à l'avance. Elle avait un accent spécial pour dire bonjour ou adieu, un accent teinté d'anglais. Depuis son manchon jusqu'à sa jolie tête, elle portait tout avec la même recherche et les plus exquis raffinements. En résumé, c'était une comédienne de salon.

Les petits ridicules de ses deux amies n'échappaient point à Marthe, mais elle les excusait avec son indulgence ordinaire.

Sa nature loyale s'opposait à ce qu'elle s'aperçût de leur hypocrisie.

Jacqueline était le point de mire de leurs quolibets. Lorsqu'elle entrait en coup de vent dans le salon de sa cousine, avec sa toilette du grand faiseur, à la mode du lendemain, avec ses frisons ébouriffés, ses yeux rieurs, son nez en l'air et son gai sourire, les deux amies avaient beau jeu. La nouvelle arrivée devenait le plastron de leurs sarcasmes, ce qui, d'ailleurs, ne troublait en rien l'aplomb de Jacqueline. Tout occupée de débiter avec volubilité les nouvelles du jour, ses quatre cents visites à rendre, ses bals, ses soirées, ses dîners de gala, ses sermons de charité, ses ventes de bienfaisance, ses séances d'hypnotisme, elle avait vraiment bien autre chose à faire que d'aller s'imaginer qu'on ne la prenait pas au sérieux.

Elle arriva un jour plus affairée que de coutume. Philibert venait de commander le buste de sa femme au jeune et déjà célèbre sculpteur Jacques Dornand.

— Tu n'as pas idée, dit-elle à Marthe avec un enthousiasme enfantin, tu n'as pas idée comme

c'est amusant de poser. L'atelier de M. Dornand
est charmant. Je n'ai encore eu que deux séances, mais j'espère qu'il en faudra beaucoup.
M. Dornand a l'esprit drôle. Il cause gaiement et
veut que je parle tout le temps pour les jeux de
physionomie. Il paraît que je suis bien mieux
quand je parle, ajouta-t-elle avec naïveté.

Ces dernières paroles amenèrent sur les lèvres
de Germaine, qui était présente, cette observation qu'elle fit à demi-voix : « C'est sans doute
pour cela qu'elle s'abandonne à ce flux de paroles. »

— M. Dornand a d'abord pris mon moulage.
Ce n'est pas le plus gai. Mais il paraît que c'est
nécessaire pour la ressemblance, et il veut que je
sois très ressemblante, car mon buste sera exposé au Salon. Veux-tu m'accompagner un de ces
jours chez M. Dornand? demanda-t-elle à Marthe.

— Volontiers, lui répondit celle-ci.

— Tu devrais aussi faire faire ton buste.

— Oh! moi, j'ai le temps; ou plutôt, non, je
n'ai pas le temps.

Dans le même moment, la porte s'ouvrit.
C'était Raymond qui rentrait. Cinq heures et
demie sonnaient. Après avoir salué les visiteurs, M. Chamblay s'approcha de sa femme et
lui dit tout bas :

— J'ai invité deux amis à dîner pour ce soir. Pardonne-moi de te prévenir si tard.

Et tandis que Marthe sonnait, il alla rejoindre les jeunes femmes assises près de la table à thé.

Constant parut. Mme Chamblay alla à lui :

— Vous mettrez deux couverts de plus, et vous direz à Stéphanie qu'elle envoie la femme de chambre chez Victor. Elle prendra là une langouste et une terrine de foies gras. Puis elle ira chez Albertine et lui dira que j'ai besoin, pour huit heures, d'un biscuit glacé, fraises et ananas avec gaufrettes et deux assiettes de petits fours : pistaches et café. Avec notre dîner, cela suffira. Je descendrai à la cave avec vous, quand tout le monde sera parti.

Constant s'inclina et sortit.

Pendant ce temps, Jacqueline était aux prises avec son cousin Raymond, qui la plaisantait sur ce qu'il nommait ses travaux forcés.

— Et vous dites que vous êtes délicate, ma chère Jacqueline! disait Raymond en riant. Mais s'il me fallait faire le quart de ce que vous faites, je serais déjà mort.

Jacqueline protestait.

— Oh! cousin, vous n'y pensez pas! S'il me fallait travailler comme vous faites, c'est moi qui mourrais! Je suis forte pour tout ce qui m'a-

muse. Ce qui me fatigue, c'est de m'ennuyer. Et
toutes les femmes, je crois, sont ainsi. N'est-ce
pas? ajouta-t-elle en se tournant vers Germaine
et Jeanne, qui se levaient pour partir.

— Je n'en sais rien, dit Mme Delaze un peu sè-
chement. Nous n'avons pas la même manière de
vivre.

— Je suis de l'avis de Mme de Moissart, fit
Jeanne en minaudant, le plaisir centuple les
forces. L'imagination joue un si grand rôle chez
les femmes !

Il était plus de sept heures quand les dernières
visites partirent.

— Ouf! s'écria Raymond, elles peuvent se
vanter d'être assommantes. Voilà un trio pour
lequel je ne donnerais pas le petit doigt de ma
chérie.

— Que tu es gentil, mon Raymond, dit Marthe
en sautant au cou de son mari.

L'effusion de la jeune femme s'arrêta soudain.
La porte s'ouvrait. Mme Chamblay parut avec son
tricot à la main.

— Vos visites sont parties, ma belle, dit-elle
en s'asseyant près d'une lampe avec son travail.
Il me semble que vous avez eu la ville et la cour.
J'ai vu de ma fenêtre bon nombre d'équipages.
Celui de Mme de Moissart entre autres. Que vous

a-t-elle compté de nouveau, cette petite folle?

— Elle était plus toquée que jamais, dit Raymond. Voilà qu'elle veut jouer la comédie, maintenant. Je me demande où elle trouvera le temps d'apprendre ses rôles.

Le jeune homme sortit en riant.

— Raymond vous a-t-il dit, ma mère, que nous avons du monde à dîner? demanda Marthe.

La vieille dame eut un imperceptible mouvement. Cette existence ultra-animée n'était pas de son goût. Ces réceptions incessantes, ces parties de plaisir, cette tenue de maison si élégante, ne cadraient ni avec ses habitudes ni avec son âge. Ce qui convient aux jeunes ne convient pas aux vieux. A la jeunesse, l'activité, la gaieté, le travail, le plaisir sont nécessaires. Pour la vieillesse, tout se résume en un mot : le repos.

Malgré sa contrariété, Mme Chamblay mère ne dit rien. Mais son silence lui-même était éloquent.

— Personne ne m'a prévenue, dit-elle simplement.

Marthe comprit.

— Je ne l'ai su moi-même que tout à l'heure. Ce sont des amis que Raymond a rencontrés.

Et comme la vieille dame restait silencieuse, Marthe continua d'un air aimable :

— J'ai été prise au dépourvu. Nous n'avions

qu'une maigre entrée et un rôti. J'ai fait prendre
une langouste et du foie gras. Vous aimez la langouste, n'est-ce pas, ma mère ?

— Je n'en mange jamais.

— Oh ! que je suis fâchée, s'écria Marthe d'un
air désolé. Si j'avais su, j'aurais fait prendre
autre chose.

— Il y aura toujours assez pour moi, ne vous
troublez pas, ma fille. Pourvu que ces gens ne
nous fassent pas dîner à neuf heures, c'est tout
ce que je demande ; car, en vérité, si cela con-
tinue, ce ne seront plus des dîners, mais des
soupers.

A cela Marthe ne pouvait rien. Lorsqu'on vit
dans le monde, il faut, bon gré, mal gré, en
suivre les usages. Les heures de repas ont changé
et tendent à reculer de plus en plus, soit par la
nécessité des affaires, soit pour des motifs de
convenances mondaines. Il est impossible aujourd'hui de dîner avant sept heures, si l'on ne
veut pas être interrompu pendant le repas ; dans
les maisons élégantes, on ne dîne jamais avant
huit heures. Si l'on ne veut pas se soumettre à
ces exigences de société, il faut se retirer sous sa
tente et vivre à l'écart.

C'est ce que pensait Marthe à l'égard de sa
belle-mère. Elle comprenait une fois de plus la

sagesse de sa mère, qui déconseillait l'association de deux ménages. Mais elle se rappelait
aussi la raison qui l'avait guidée en cette circonstance, et elle ne regrettait rien. Raymond était
heureux.

CHAPITRE IX

ENNUIS DOMESTIQUES.

La saison mondaine se compose de six mois environ. Ces six mois furent pour Marthe une période de joie et d'enivrement. Fêtée, recherchée partout, elle paraissait gracieuse, simple, naturelle, au milieu de ce monde qui l'encensait et l'enveloppait pour ainsi dire d'une respectueuse admiration. Si elle eût été libre de suivre son goût, la jeune femme eût sans doute préféré un bonheur plus intime. Mais elle cédait à l'impulsion de son mari. Le monde est un engrenage qui vous entraîne et duquel on ne peut sortir comme on veut.

Engagé dans de grandes affaires, jeté dans la mêlée par cette contagion d'activité qui règne perpétuellement à Paris ; poussé surtout par l'énergie physique et intellectuelle de sa nature militante, Raymond Chamblay avait forcément les relations les plus étendues.

Un écrivain a dit quelque part : « Paris offre un prodigieux spectacle de la lutte pour la vie, un exemple unique d'intensité, de fureur ! En y

revenant après quelques semaines, on croit entrer dans une formidable usine où les chaudières
ronflent, où les ressorts vibrent, où les courroies
sifflent. »

Ce tableau est l'image de la société. Le monde
est comme cette formidable machine qui happe
au passage ceux qui s'en approchent. M. et
Mᵐᵉ Chamblay en étaient un exemple. Le tourbillon les emportait. Ils retrouvaient dans chaque
maison des personnes de connaissance, et ne
pouvaient, ayant accepté chez les uns, ne point
aller chez les autres.

Fidèle à ses principes d'ordre et d'arrangement, Marthe essayait de mener tout de front :
ses devoirs de maîtresse de maison et ses devoirs
de société.

Pourtant elle était un peu débordée. Il lui arrivait parfois au lendemain d'un bal de se lever
plus tard qu'à l'ordinaire et de se négliger un
peu dans sa surveillance habituelle.

Ces jours-là, sa visite quotidienne de chaque
matin à sa belle-mère était écourtée ou sup-
primée. Celle-ci ne paraissait pas s'en formaliser.
Leurs relations étaient toujours amicales, sauf
quelques petites dissidences qui existaient entre
leurs caractères. Si ordonnée que fût Marthe,
quelque désir qu'elle eût de tout faire au goût de

Mme Chamblay, elle n'arrivait jamais à la ponc-
tualité rigoureuse de la vieille dame. Très métho-
dique, Mme Chamblay mère ne déviait jamais de
ses habitudes, et lorsque par hasard un retard
ou une négligence se produisait dans le service,
elle ne manquait pas de le signaler d'une façon
discrète.

Un autre point vint les diviser : Françoise, la
vieille femme de chambre de Mme Chamblay, ne
s'accordait pas bien avec les domestiques de
Marthe. Valérie, la jeune femme de chambre de
celle-ci, lui était particulièrement antipathique.
Marthe avait essayé à plusieurs reprises de rétablir la paix entre elles. Mais les discussions re-
naissant continuellement et devenant plus vives,
Mme Chamblay mère demanda à sa belle-fille de
renvoyer Valérie.

Quoique Marthe fût très satisfaite de sa femme
de chambre, elle dut accéder au désir qui lui
était exprimé. Elle ne laissa rien voir de sa contrariété, mais elle commença à trouver que la vie
en commun était difficile et qu'elle demandait
une infinité de petites concessions, de petits sacrifices qui, sans cesse renouvelés, constituent
une véritable gêne. Elle se résigna à remplacer
Valérie par une personne moins capable, et plus
facile à diriger. N'ayant rien à reprocher à cette

fille, si ce n'est peut-être un manque de patience,
elle la fit venir pour lui expliquer les motifs qui
l'empêchaient de la garder. Valérie fondit en
larmes. Quoiqu'il n'y eût pas un an qu'elle était
dans la maison, elle comprenait quelle perte elle
allait faire. Marthe la consola de son mieux et lui
promit de la placer.

— Ah! madame, dit la pauvre fille à travers
ses sanglots. Ce ne sera pas la même chose, je
ne retrouverai jamais une maîtresse comme madame!

C'est que, en effet, Marthe n'était pas de ces
femmes tracassières qui grondent les domestiques pour les plus petites fautes; qui les dé-
rangent à tous moments, qui sonnent pour qu'on
leur ramasse leur mouchoir; en un mot, qui se
font servir à la manière des dames de l'Inde.

Marthe, on se le rappelle, avait été habituée, de
bonne heure, à se passer de l'aide des autres.
Elle savait placer une bûche dans sa cheminée,
prendre un verre d'eau, chercher dans sa commode ou dans ses armoires les choses qui lui
étaient nécessaires. Elle se coiffait à l'ordinaire
elle-même, comme au temps où elle était jeune
fille. Lorsqu'elle allait dans le monde, elle ne
prenait point de coiffeur. Quelques leçons avaient
suffi pour mettre Valérie au courant des coiffu-

res nouvelles, qu'elle exécutait très habilement.

Bonne, polie, mais ferme, Marthe commandait avec une douce autorité. Elle employait le temps de sa femme de chambre en travaux de ménage et d'aiguille, préparait l'ouvrage elle-même et la surveillait sans la tourmenter.

Compatissante aux maux de ses gens, elle les faisait soigner par son propre médecin et les soignait elle-même au besoin. Sans fierté comme sans familiarité, elle savait garder son rang.

Il est aussi nuisible de causer familièrement avec les domestiques, qu'il est dur de ne jamais leur adresser la parole que pour les choses de service. Marthe s'intéressait à leurs affaires; elle les conseillait souvent pour ce qui touchait à leurs intérêts ou à leur famille. En revanche, elle exigeait d'eux une obéissance passive, sachant que les plus grands malheurs peuvent résulter de l'inexécution d'un ordre ou de son interprétation.

Elle n'interrompait jamais, sans un motif important, leurs repas ou leur sommeil, et mettait en pratique le précepte de l'Évangile qui prêche la fraternité.

En tout, elle rendait son joug aussi léger qu'il lui était possible de le faire. Ne voulant pas exciter leur gourmandise, en les privant toujours de dessert ou de bons morceaux, elle s'arrangeait

de façon à ce qu'ils eussent leur part de friandises.

Pour ne pas les humilier, elle ne leur faisait
jamais une réprimande devant témoins. Les domestiques sont très sensibles à ces délicatesses.
Les inférieurs sont un peu comme les enfants; il
faut les traiter avec bonté, mais se garder de
discuter avec eux.

Marthe observait scrupuleusement ces préceptes, et ne supportait pas qu'un domestique
murmurât lorsqu'elle lui faisait une observation;
mais si, après l'avoir écoutée respectueusement,
ce domestique, quelque temps après, lui prouvait
qu'elle s'était trompée, elle n'hésitait pas à en
convenir et lui témoignait un vrai regret. Loin
de lui nuire, cet aveu la rendait plus digne et
plus respectable à ses yeux.

Sincèrement pieuse, Marthe laissait à ses gens
tout le temps nécessaire pour remplir leurs devoirs religieux. Voulant suivre ainsi l'exemple
maternel, elle désirait s'attacher ses serviteurs,
et, selon l'expression italienne, qui dit : *la fami-
glia* en parlant de tous les gens attachés au service d'une maison, elle souhaitait qu'un jour ses
vieux domestiques fissent, pour ainsi dire, partie
de la famille.

Afin de maintenir entre eux la bonne harmonie, elle avait eu soin de déterminer la besogne de chacun. La cuisinière avait pour sa part la salle à manger à faire. La femme de chambre s'occupait du linge, des chambres à coucher, de la toilette de madame, de la couture. Quant au valet de chambre, il avait pour attributions le service de table, le nettoyage de l'argenterie, des couteaux, le balayage des salons. De plus, il accompagnait ses maîtres lorsqu'ils sortaient le soir, et les attendait à la fin du spectacle ou du bal.

Chaque domestique avait un jour de sortie toutes les trois semaines.

Pour remplacer Valérie, Marthe prit une jeune fille élevée dans un orphelinat, qu'on lui recommanda comme étant très douce, et qu'elle se promit de former elle-même. Elle espérait, en choisissant une femme de chambre tout à fait novice, arriver à ne point porter ombrage à la vieille Françoise. Elle fit, à cette occasion, un coup de maître; usant de diplomatie, elle s'adressa directement à Françoise et mit la nouvelle venue sous sa protection.

— Ma bonne Françoise, lui dit-elle, je vous recommande Rose, ma nouvelle femme de chambre; elle est jeune, timide, peu entendue et aura besoin de vos conseils. Vous qui êtes si adroite, si habile, vous l'aiderez, n'est-ce pas, de votre expérience?

Flattée dans son amour-propre, touchée peut-être aussi de la douceur de Marthe à son égard, la vieille Françoise promit de veiller sur Rose, et elle tint parole.

Pendant quelque temps les choses allèrent au mieux. Mme Chamblay mère reprit sa sérénité un moment troublée, et sa belle-fille put se croire au bout de ses peines.

CHAPITRE X

UNE MISSION DÉLICATE.

Jacques Dornand était le plus intime ami de Raymond. Pendant les premiers mois du mariage de ce dernier, il venait tous les jours, soit à l'heure du déjeuner, soit à l'heure du dîner, passer quelques instants avec les jeunes époux. Lorsqu'il avait une soirée libre, il accourait rue Rembrandt. Les liens d'amitié qui unissaient les deux hommes dataient de loin. Ils s'étaient rencontrés en voyage, et une mutuelle sympathie les avait rapprochés. Depuis lors ils ne s'étaient jamais perdus de vue.

Jacques vivait en garçon, c'est-à-dire d'une façon décousue; c'était, en somme, un assez mauvais sujet, qui avait horreur de la régularité. Pourtant si quelque chose avait pu le convertir, c'eût été la vue de l'intérieur de son ami. Son intimité dans le ménage lui avait fait apprécier le charme tout-puissant de Marthe, laquelle joignait, à une distinction rare, l'absence complète de toute prétention. Mais telle était la dignité, la tenue de la jeune femme, que la familiarité de

ces relations avait augmenté le respect qu'elle
lui inspirait. Dans les soirées qu'il passait entre
elle et Raymond, il faisait naître des discussions,
sur les sujets les plus opposés, pour l'entendre
exprimer son opinion avec cette droiture, cette
sagacité enjouée qui était le fond de son caractère.

Ces longues heures passées au coin du feu, où
l'on causait librement, sans recherche, sans
effort, avaient pour le jeune artiste le plus grand
attrait. Le parfum d'honnêteté qu'il respirait dans
cette maison amie, le reposait de la dissipation
perpétuelle dans laquelle il vivait. Cette intimité
durait depuis quelques mois, lorsqu'un jour, sans
raison apparente, elle cessa. Les visites de
Jacques devinrent d'abord moins fréquentes,
puis elles se firent de plus en plus rares.

Raymond s'en étonna et voulut lui en demander l'explication. Mais il lui revint de différents côtés que la vie de désordre dans laquelle
s'était jeté Jacques l'absorbait à tel point que son
travail même s'en ressentait.

Aux reproches délicatement affectueux que lui
fit Marthe sur son absence, le jeune homme répondit d'une façon évasive. Sans connaître les
motifs qui le faisaient agir ainsi, elle était trop
femme pour croire aux raisons qu'il lui donnait.

— Les artistes sont des êtres à part, disait-elle à son mari ; ce sont des nerveux, des malades. Ne t'afflige pas, mon ami, Jacques nous reviendra.

Et, en effet, il était revenu. Non plus comme autrefois, aimable, doux, bon enfant, mais brusque, inégal, parfois trop gai, parfois morose, souvent blessant et ombrageux, toujours fantasque.

Malgré toutes ses bizarreries, Marthe éprouvait pour l'ami de son mari une véritable sympathie. Cette sympathie fit germer dans son esprit un projet qu'elle communiqua à Raymond. Elle voulait marier Jacques. C'était, selon elle, le seul moyen de le sauver.

— Mais, il n'a nulle envie de se marier, lui avait répondu son mari en riant, et tu n'obtiendras jamais de lui qu'il fasse le sacrifice de sa liberté. Quelle est la malheureuse que tu lui destinerais ?

— Geneviève est absolument la femme qu'il lui faudrait, dit Marthe d'un air convaincu. Elle est douce, sérieuse, jolie, ce qui ne gâte rien ; elle saurait l'amener à des idées plus saines, plus régulières...

— Essaye, ma chérie. Si quelqu'un a chance de réussir, c'est certainement une charmante diplomate comme toi.

Forte de l'assentiment de son mari, Marthe se promit de tenter l'assaut aussitôt qu'elle le pourrait. Elle ne dirait rien à Geneviève avant d'avoir sondé les intentions de Jacques.

Ce dernier se présenta à l'hôtel de la rue Rembrandt un soir où, justement, M. Chamblay avait dû s'absenter pour affaire. Il trouva la jeune femme à son piano.

— Raymond n'est pas là ? demanda le jeune homme avec quelque surprise.

— Il va rentrer, dit Marthe en allant à lui la main tendue. Attendez-le.

Et elle le fit asseoir, jugeant que l'occasion était bonne et qu'il fallait en profiter.

Après les premières paroles banales échangées, la jeune femme entra résolument dans le cœur de son sujet.

— Monsieur Jacques, fit-elle d'un petit ton décidé, j'ai de grands projets sur vous.

— Ah ! mon Dieu, fit en riant le jeune homme, et peut-on les connaître ?

— Sans doute. Vous allez me trouver bien indiscrète, de m'occuper ainsi de votre vie privée, de votre avenir ; mais vous connaissez notre attachement pour vous et vous savez qu'ainsi que mon mari je vous considère comme notre meilleur ami.

Jacques, qui ne devinait pas encore où voulait en venir la jeune femme, s'inclina sans répondre.

— Eh bien, continua Marthe en précipitant un peu ses paroles, voilà : je voudrais vous marier.

Un vif étonnement se peignit sur le visage de Jacques. Puis, il se mit à rire franchement.

— Quelle singulière pensée vous avez eue là, madame! Me marier, moi! mais je ferais le plus détestable mari du monde !

— Je ne crois pas, dit Marthe sans se déconcerter. Vous êtes passionné pour votre art, vous adorez la musique, ce sont des goûts qui attachent un homme à son intérieur — lorsqu'il a un intérieur. C'est justement cela qui vous manque et c'est aussi ce que vous donnerait un mariage.

Jacques sourit d'un air incrédule.

— Pourquoi tenez-vous à me marier, madame? fit-il, après quelques instants de silence.

— Tout simplement parce que je crois que vous n'êtes pas heureux.

Le jeune homme fit un geste d'insouciance :

— Qui est heureux dans ce monde? Vous, madame, peut-être ?

— Sûrement, reprit Marthe avec vivacité. Je ne connais rien de plus beau que l'union de deux êtres qui se plaisent, qui s'estiment, qui s'aiment enfin.

— Je pense absolument comme vous, madame, dit Jacques d'une voix grave. Je considère le mariage comme un acte sérieux, définitif, si je puis dire, dans lequel l'amour doit jouer le premier rôle, auquel, selon moi, le sentiment de l'infini se mêle. Le mariage est, selon moi, un idéal si haut que je désespérerais d'y atteindre.

— Même si l'on vous y aidait?

— Comment l'entendez-vous, madame?

— Mais en vous donnant une femme digne de vous, charmante, dévouée, capable de transformer votre existence un peu... comment dirai-je? un peu irrégulière, en une vie douce, heureuse, utile...

Pendant qu'elle parlait ainsi, avec cette chaleur de cœur qui eût persuadé les plus incrédules, l'attitude de Marthe était charmante. Pour dissimuler un peu l'embarras qu'elle ressentait à aborder avec ce sceptique un sujet aussi grave et aussi délicat, elle avait, par contenance, pris sur la table un bouquet de roses thé que son mari lui avait rapporté, et elle le respirait à tout moment, y cachant à moitié son joli visage empourpré.

— Pour accomplir une telle transformation, il

faudrait un miracle, dit Jacques gravement ; une seule personne pourrait l'accomplir...

Les grands yeux de Marthe interrogeaient, étonnés.

— ... Cette personne n'est pas libre, madame, répondit le jeune homme à cette muette interrogation, et le fût-elle, qu'il me serait encore interdit d'y songer, si grande est la distance qui nous sépare.

— Mais c'est donc quelque princesse, quelque reine ! exclama la jeune femme en riant.

— Elle possède, en effet, la souveraine beauté, dit Jacques, que l'émotion gagnait, le charme tout-puissant qui attire, qui séduit, qui captive...

— Allons, interrompit gaiement Marthe, qui désirait couper court à ces confidences, dont elle entrevoyait vaguement le but, et dont elle jugeait l'explication inutile ou peu prudente, je vois que je perdrais ma peine en cherchant à vous amener au mariage ; j'aime mieux y renoncer tout de suite.

Le bouquet que la jeune femme tenait à la main s'échappa et les fleurs s'éparpillèrent sur le tapis. Jacques se baissa pour les ramasser. Il les remit sur la table, à l'exception d'une seule rose qu'il garda et avec laquelle il joua en continuant de causer. L'entretien que Marthe venait de rompre brusquement, reprit alors, mais sur des sujets indifférents.

Jacques avait-il compris que Mme Chamblay était éclairée sur ses sentiments? Peut-être. Car il redevint le sceptique des mauvais jours.

Lorsque Raymond rentra, il le trouva engagé dans une discussion assez vive et lançant contre le genre humain des anathèmes auxquels Marthe opposait un calme parfait.

Il continua sur le même ton encore quelques instants et s'en alla enfin.

Dès qu'il fut parti :

— Tu as échoué, ma pauvre chérie, dit Raymond à sa femme, je lis cela dans tes yeux.

— Oui, répondit Marthe, avec une jolie petite moue, et je ne le regrette qu'à moitié. Je crois que ton ami n'est pas digne de ma chère Geneviève. Il est tellement fantasque! tellement incompréhensible! J'étais poussée plutôt par le désir de marier mon amie. Elle n'a pas de dot et les hommes, aujourd'hui, sont si peu désintéressés.

— A la bonne heure. Il en est encore pourtant qui ont des sentiments élevés, fit Raymond en souriant.

— Oh! je sais bien. Toi, par exemple; je suis bien sûre que tu m'aurais prise sans dot, n'est-ce pas, mon chéri? dit Marthe câline.

— Et je n'y aurais eu aucun mérite.

A quelques jours de là, Jacqueline rappela à sa cousine la promesse qu'elle lui avait faite. Elles se rendirent donc ensemble à l'atelier de M. Dornand.

Cet atelier était situé dans un quartier neuf, au bout de l'avenue de Villiers, près du boulevard Pereire. La voiture de Mme de Moissart vint prendre Marthe pour la conduire à l'atelier de Jacques.

Le buste de Jacqueline, presque achevé, était une merveille d'exécution et de ressemblance. Marthe poussa un cri d'admiration. Elle alla droit au jeune statuaire et lui tendant les mains :

— Vous êtes un grand artiste, monsieur Jacques, lui dit-elle : ce buste est un chef-d'œuvre.

Jacques prit la main de Marthe et, la portant respectueusement à ses lèvres :

— Merci, madame, dit-il avec émotion.

Pendant ce temps, Jacqueline, qui s'était déjà débarrassée de son chapeau, allait et venait dans l'atelier, sautillant, furetant un peu partout. Tout d'un coup, elle fit une exclamation :

— Ah! mon Dieu! Vous êtes donc sentimental, monsieur? fit-elle, en brandissant une rose flétrie qu'elle venait de trouver soigneusement cachée dans un coffret ancien, posé sur une table. Moi qui vous croyais un sceptique! Comme il faut se garder de juger les gens sur les apparences !

Un peu interdit d'abord, Jacques reprit bientôt son sang-froid :

— C'est une relique, dit-il avec un sourire, en s'emparant de la rose, qu'il replaça dans le coffret.

Le souvenir de l'entretien qu'elle avait eu quelques jours auparavant avec le jeune homme revint à l'esprit de Marthe. Elle rougit. Confuse de la conduite extravagante de Jacqueline, elle essaya, par un signe, de lui faire comprendre son inconvenance. Mais la jeune femme était devenue subitement sérieuse, et son joli visage avait pris une expression si mélancolique, que Marthe fut tout aussitôt désarmée. Elle resta pendant toute la durée de la séance et put constater que, malgré tous les efforts de Jacques pour égayer Mme de Moissart et la faire causer, celle-ci demeurait morne et silencieuse.

Jacqueline reconduisit Marthe chez elle. Pendant le trajet elle reprit peu à peu sa loquacité habituelle.

— Tu ne trouves pas cela étonnant, toi, de la part de M. Dornand ? dit-elle à brûle-pourpoint.

— Quoi donc? demanda Marthe, qui ne pensait plus à l'incident.

— Eh! mais, cette fleur! De la part de tout autre, j'admettrais cela. Mais de M. Dornand, cela me paraît si singulier.

— Chacun a ses faiblesses, ma chère; cela prouve que M. Jacques a plus de cœur qu'il ne veut le laisser paraître.

— Mais quelle peut être cette femme?

— Ah! par exemple, répondit Marthe en riant, cela m'est bien indifférent, et à toi aussi, je suppose.

— Bien sûr, fit Jacqueline songeuse. Mais, c'est égal, j'aimerais bien le savoir.

La voiture arrivait rue Rembrandt :

— Je vais voir maman, fit Marthe, viens-tu avec moi?

— Impossible, ma chère, j'ai trois robes à essayer, ma *tête* à faire faire pour le dîner de ce soir.

— Tu as un dîner costumé?

— Non, un dîner à têtes. J'ai choisi une coiffure monumentale, une tête Marie-Antoinette. Tu sais que j'ai l'intention de donner un bal costumé, ainsi prépare-toi. J'avais tant d'invitations annoncées que j'ai résolu de terminer par là. Les bals costumés ont cela de bon que, sur dix per-

sonnes que l'on invite, il y en a une bonne moitié
qui ne vient pas. Quoique j'aie des salons très
vastes, il me serait impossible de réunir les amis
de mon mari, mes amis et les amis de mes amis.
Je n'arriverais jamais à les caser tous. Tu sais
que ce sera une paysannerie Louis XV.

— Ne crains-tu pas que cette uniformité de
genre ne soit gênante pour quelques-uns? La
règle principale, pour être bien en costume, c'est
de se déguiser selon son âge et sa taille. Une
vieille dame, accompagnant sa fille, sera-t-elle
bien aise de s'habiller en paysanne? Il me semble
que j'aimerais mieux ne pas déterminer le genre
et laisser à chacun le plaisir de se travestir à sa
guise. Si le costume villageois convient aux nez
retroussés, les profils grecs se trouveront peut-
être mieux de représenter quelque reine, quelque
belle patricienne. Vois-tu Mme de Chamfleur en
paysanne, toi? Daignerait-elle?...

— Ah! voilà qui m'est égal, par exemple. Je
ne tiens pas à Mme de Chamfleur. C'est bien assez
d'avoir sa fille, cette poseuse baronne d'Arlac.
Nous serons très bien en bergères, toi et moi,
avec nos cheveux blonds et notre frais minois,
c'est tout ce qu'il me faut. J'ai déjà pensé à
organiser une noce de village avec son cortège;
tu en seras, Raymond aussi; j'ai mon plan, tu

verras que ce sera très réussi. L'unité de genre a cet avantage, qu'il exclut l'habit rouge et le manteau vénitien et, par conséquent, les vieux. Nous feras-tu danser, toi?

— Oh! non, dit Marthe, ma maison ne s'y prête pas. Pour qu'un bal soit agréable, il faut qu'on y puisse danser à l'aise. Si j'avais un salon de plus, cela serait facile à organiser.

— Crois-tu?

— Oui. Je ferais venir mon tapissier et mon fleuriste. Je demanderais à l'un le matériel nécessaire voulu, c'est-à-dire un renfort de sièges et un complément d'éclairage, lequel doit être éblouissant. J'aurais soin de faire disparaître les bibelots fragiles et les porcelaines de prix et je les ferais remplacer par une profusion de fleurs, qui seraient artistement disposées par le fleuriste. Toutes mes cheminées seraient garnies de fleurs et de plantes vertes. De grands arbustes décoreraient le vestibule, l'escalier et l'antichambre.

— Pour un bal, interrompit Jacqueline, il n'est qu'une chose importante : l'orchestre. Il faut qu'il s'entende de partout, et qu'il y ait au minimum un piano, deux violons, un piston et une flûte.

— Cela va sans dire. Quant aux rafraîchissements, j'aurais, bien entendu, un souper, soit assis et disposé par petites tables de six à dix

couverts, soit dressé sur un buffet dans la salle
à manger. Avant ce souper, qui se sert après le
cotillon, on passerait des glaces et des sirops.

— Le cotillon! voilà encore une chose à laquelle il faut penser d'avance. La maîtresse de
la maison doit choisir, pour le conduire, un bon
danseur, plein d'entrain, d'imagination et très
au courant des figures à la mode. Les accessoires
ont aussi leur importance.

— Oui, mais je n'approuve pas ceux qui les
choisissent trop élégants et trop coûteux. J'ai vu
dans de certaines maisons donner jusqu'à des
bijoux; mais, franchement, cela me paraît dé-
placé. Pour cette fantaisie, de jolis riens suffi-
sent. Si tu es curieuse de connaître les détails
d'un bal qui fut, dit-on, un modèle, et dont
Napoléon Ier indiqua les dispositions principales,
lis le rapport qu'en a fait Carême dans ses
Mémoires. Il affirme que ce bal fut un des mieux
servis et des mieux commandés qu'il ait vus
de sa vie [1].

1. *Relation du bal ordonné par l'empereur.* — Ce bal fut donné
à l'Élysée à l'occasion du mariage du prince Jérôme et de la
princesse de Wurtemberg. Les salons et les jardins étaient
éclairés. L'illumination était des plus brillantes et du meilleur
goût. On marchait et on dansait au son de l'orchestre de l'Académie de musique. Un ballet, où l'on remarquait les femmes les
plus charmantes et les plus beaux hommes de la cour, était

— Je le lirai. Cela me donnera des idées pour mon grand bal costumé.

La voiture arrivait rue Rembrandt. Marthe descendit devant la porte de sa mère, tandis que Jacqueline repartait au trot de ses alezans. Son visage, habituellement si gai, était comme voilé d'une ombre. Mille pensées confuses se heurtaient dans sa tête. Elle songeait à la fois à ses robes, à son costume de bergère, à sa noce villageoise, à sa vente du lendemain, au skating-club, à ses patins d'argent, à sa tête Marie-Antoinette et, au milieu de tout cela, à un petit bouquet desséché, dont elle aurait bien voulu connaître la provenance.

exécuté sur la pelouse. Le fameux Forioso fit une ascension au milieu d'un feu d'artifice.

Voici ce qui fut servi sur les tables : soixante-douze entrées, dont six de filet de bœuf à la gelée; six de noix de veau; six de cervelle de veau dressées dans des bordures de gelée moulée; six de pains de foies gras; six de poulets à la reine en galantines; six d'aspics garnis de crêtes et rognons; six de salmis de perdreaux rouges, chaudfroid; six de fricassée de poulets à la reine, chaudfroid; six de magnonnaises de volaille; six de darnes de saumon au beurre de Montpellier; six de salades de filets de soles; six de galantines d'anguilles au beurre de Montpellier.

Les grosses pièces étaient au nombre de vingt : six jambons, six galantines, deux hures de sanglier, six longes de veau à la gelée. Les bordures de toutes ces pièces se composaient de gelées, de truffes, de beurre à la ravigote, d'œufs durs, etc.

CHAPITRE XI

Dans l'année qui suivit celle de son mariage, Marthe fut cruellement frappée. Sa mère mourut entre ses bras, après une maladie de quelques jours. Les grandes douleurs ne peuvent se décrire : celle de la jeune femme fut immense ; elle eut de telles crises de désespoir, que son mari craignit un moment pour sa vie. Frappée de stupeur, elle était comme folle, sans pensées ni larmes. Les soins, la tendresse de Raymond triomphèrent pourtant.

De telles secousses morales semblent d'abord suspendre la vie et en arrêter le mouvement pour jamais. La jeune femme sortit de là brisée, anéantie, plongée dans une tristesse morne, dont rien ne pouvait la tirer. Ses goûts, ses sentiments se taisaient comme stupéfiés par l'ébranlement qu'elle avait subi. Cependant elle essaya de réagir et de reprendre ses occupations quotidiennes. Les exigences de la vie commandaient.

Autour d'elle tout rentra bientôt dans l'ordre.

La maison revêtit un aspect plus sévère. On ne vit plus de fleurs nulle part. Les domestiques portèrent le deuil. Chaque femme de service reçut deux robes noires, un chapeau et un châle. Le valet de chambre eut une livrée noire, sans boutons de métal, avec crêpe au chapeau.

Quant à Marthe, elle ne voulut pas se contenter pour elle-même d'un deuil de fantaisie, ainsi que le portent beaucoup de jeunes femmes, fait de robes plissées, ruchées, garnies de passementeries, de broderies. Elle adopta strictement la robe longue de laine tout unie, le châle et le grand voile de crêpe. Pas un bijou. Tous les accessoires de sa toilette furent assortis à son deuil : livre de messe, porte-monnaie, porte-cartes, en-cas, parapluie, ombrelle, etc.

Ce deuil interrompit nécessairement le cours de la vie mondaine du jeune ménage, et Marthe passa dans la retraite tout l'hiver qui suivit la mort de sa mère. Elle ferma son salon, sauf pour ses intimes. Sa vie intérieure ne parut pas changée. Les personnes foudroyées gardent l'apparence de la vie. Comme autrefois, elle s'occupait de son mari, de sa maison, de sa belle-mère, de ses amies; mais, en tout cela, on sentait l'effort. Il y avait en elle quelque chose de brisé.

Lorsqu'elle se trouvait seule, qu'elle prenait

son aiguille et qu'elle essayait de vaincre par
l'application au travail les attendrissements qui
la gagnaient, de grosses larmes tombaient sur
son ouvrage et venaient obscurcir sa vue. Loin
de distraire la pensée, les travaux de femme la
concentrent. « Lorsqu'une femme coud, a dit un
poète, il est aisé de lire à pleines pages dans ses
mouvements, dans ses poses, bien des poèmes
de douleur cachée, de riant espoir, de secret
désir. Pour qui a le sens de ces révélations in-
faillibles, il est évident que ce n'est pas dans ces
délicats chiffons qu'elle coud ou coupe, mais dans
son âme. »

Ainsi de la pauvre Marthe. En essayant de
fixer sa pensée, elle la fixait pour ainsi dire devant elle, sous chaque point de son aiguille.
Elle ne se retrouvait plus; il lui semblait que
quelque chose d'elle-même était parti avec cette
mère qu'elle pleurait comme on pleure le principe de tout bien, l'être qui nous a nourri de
son sang, de son lait, de son esprit, de son cœur.
Avant l'arrivée de son mari, elle se baignait les
yeux pour qu'il ne vît pas qu'elle avait pleuré.
Son chagrin était d'ailleurs trop légitime pour
qu'il s'en étonnât.

L'hiver fini, les connaissances, les amis de
Marthe partirent, les uns aux eaux, les autres

à la mer ou à la campagne. Les affaires de M. Chamblay le retenant à Paris, sa femme et sa mère restèrent avec lui. Ce fut un triste été, et ceux qui venaient dans la maison ne reconnaissaient plus cet intérieur jadis si gai. Cette tristesse convenait à Marthe et s'harmonisait bien avec l'état de son esprit. Elle était changée autant au physique qu'au moral, et ceux qui la voyaient étaient frappés de son dépérissement.

Si Raymond n'eût été aussi absorbé par des préoccupations d'affaires qu'il l'était depuis quelque temps, il se serait aperçu de la transformation lente qui s'était opérée chez sa femme. Mais il vivait presque toujours au dehors et ne rentrait guère que pour l'heure des repas. Parfois même il lui arrivait de sortir seul le soir.

Ces jours-là, Marthe passait la soirée en tête-à-tête avec sa belle-mère, laquelle se retirait régulièrement à neuf heures.

Après le départ de celle-ci, la jeune femme se sentait allégée; elle pouvait se donner tout entière au cher souvenir qui occupait sans cesse sa pensée.

Un soir, qu'elle était plus silencieuse que de coutume, Mme Chamblay mère fit une dérogation à ses habitudes, elle quitta son tricot et posa ses lunettes sur la table avant l'heure habituelle.

— Ma chère enfant, dit-elle à Marthe de sa voix claire, laissez-moi vous donner un avertissement et un conseil. Vous savez que je ne suis point prodigue de ces sortes de choses. Mais le danger que vous courez me fait un devoir de vous ouvrir les yeux. Vous perdez votre ménage, ma fille.

Au mouvement brusque que fit Marthe, la vieille dame répondit par un geste.

— Oui, continua-t-elle avec force, vous marchez, sans vous en douter, à la ruine de votre bonheur. Personne mieux que moi ne compatit à votre chagrin. J'aimais et j'appréciais votre mère. C'était un grand cœur. Vous avez fait une perte irréparable, je le sais. Je comprends que vous souffriez, mais je ne puis admettre qu'une femme comme vous, forte pour aimer et, par conséquent, pour souffrir, succombe sous le poids d'une épreuve, si rude qu'elle soit.

— Ah! je serais forte contre toute autre épreuve, s'écria Marthe douloureusement, mais celle-là! je ne peux pas! Ma mère! ma pauvre mère!

— Votre mère, ma pauvre enfant, reprit plus doucement Mme Chamblay, représente le passé. Sans l'oublier, vous devez songer à l'avenir. Votre mari, c'est le présent, c'est l'avenir. Je connais mon fils ! Il est bon, il est affectueux, il est attaché à ses devoirs, et certes il vous aime. Mais c'est un homme, et un homme vivant, qui a besoin de sentir vivre autour de lui. L'existence qu'il mène, depuis près d'un an, n'est guère faite pour lui plaire. Vous m'objecterez peut-être qu'il est fort occupé et que ses affaires l'appellent souvent au dehors. Raison de plus pour que les moments qu'il peut vous donner lui paraissent doux. Sans doute, il respecte votre chagrin, mais prenez garde qu'il ne s'habitue à le trop respecter...

Tandis que Mme Chamblay mère parlait, Marthe semblait sortir d'un rêve. De ses yeux, fixés sur sa belle-mère, tombaient de grosses larmes qu'elle ne songeait même pas à essuyer. A ces derniers mots, elle se redressa soudain :

— Un seul mot, ma mère, s'écria-t-elle. Raymond vous a-t-il chargée de me dire cela ? Répondez, je vous en conjure !

— Rassurez-vous, mon enfant, dit Mme Chamblay avec bonté, Raymond ne m'a rien dit. Pardonnez à une vieille femme un sermon dicté par son affection, par son expérience...

Marthe se leva et, allant droit à sa belle-mère, elle lui prit la main qu'elle porta à ses lèvres :

— C'est à moi de vous demander pardon, ma mère, dit-elle avec émotion. Je ne vous connais-

sais pas encore. Je vous remercie de m'avoir
éclairée. Oui, vous avez raison, mon devoir est
d'immoler ma douleur au repos de mon mari, à
son bonheur. Je le ferai, j'aurai la force de le
faire; je l'aime tant! Ah! ma mère, vous ne
doutez pas de ma tendresse pour lui, n'est-ce
pas?

— Non, mon enfant, je ne doute ni d'elle ni
de vous. Car je vous connais, moi, dit-elle en
souriant affectueusement; vous êtes bien la
femme que je rêvais pour Raymond, une compagne digne de lui; une femme selon Dieu, en
laquelle « on peut faire reposer le bonheur de
son foyer, l'honneur de son nom et la paix de
son cœur ».

En rentrant dans sa chambre, Marthe s'agenouilla sur son prie-Dieu. Là elle se recueillit,
pria et médita longuement. Un mot avait suffi
pour tirer son âme de la torpeur où l'avait jetée
son chagrin. Sa foi profonde, un instant ob-
scurcie par l'affolement de la douleur, se réveil-
lait lumineuse pour lui tracer son devoir. Le départ d'un être aimé, qui disparaît, est toujours
un cruel déchirement, surtout pour ceux qui
n'ont pas le bonheur d'être fermes dans leur
foi, et pour lesquels l'anéantissement de l'être
est chose irréparable; mais pour ceux qui, comme

Marthe, ont une piété éclairée, cette séparation n'est qu'une épreuve plus ou moins longue, mais seulement temporaire.

En s'en allant, cette mère adorée restait tout entière dans le cœur de sa fille; elle avait eu la suprême consolation de pouvoir se dire que Marthe vivrait un peu par elle, et que ce qu'elle lui avait inculqué de bon durerait, s'augmenterait encore après sa mort.

La part effective que, dans sa vie, Marthe avait donnée à sa mère, en devenant immatérielle, n'en subsistait pas moins aussi grande, aussi efficace. L'apaisement se faisait enfin dans cette âme troublée. A l'acuité de la douleur succédait la résignation, la soumission à la volonté divine.

Marthe se releva calme, rassérénée, résolue à régler sa conduite et ses idées, de manière à satisfaire à la fois les exigences de son cœur et celles de la vie. Dès le lendemain, elle voulut arborer un deuil moins sévère. « Raymond n'aime pas la tristesse, pensa-t-elle, et le noir est triste. »

Certaines personnes portent le deuil d'une mère un an, d'autres deux ans. Quoique Marthe eût d'abord décidé qu'elle resterait en deuil pendant deux années consécutives, elle modifia ses projets et se commanda des toilettes demi-deuil.

« Pardon, mère, dit-elle en baisant le petit por-
trait qu'elle portait toujours sur elle, vous qui
me voyez et qui lisez en moi, vous savez que je
porterai toujours votre deuil dans mon cœur. »

La jeune femme reçut vite la récompense de
son sacrifice. En la retrouvant souriante dans
une fraîche toilette mauve, Raymond eut une
exclamation joyeuse.

— Comme te voilà charmante, ma chérie, lui
dit-il en l'embrassant. Cette toilette te sied à
ravir. N'est-ce pas, mère? ajouta-t-il en se tournant vers Mme Chamblay qui entrait dans ce moment, n'est-ce pas qu'elle est belle ainsi?

La vieille dame jeta sur sa belle-fille un regard
satisfait.

— Marthe est un ange, dit-elle doucement.

CHAPITRE XII

Peu à peu, Marthe reprit sa vie active. Avec une volonté persistante, elle sut vaincre ce besoin absolu de solitude qui s'était emparé d'elle. Elle retrouva ses chères et fidèles amitiés qui, par discrétion, s'étaient éloignées, sauf Geneviève et Hélène Emery qu'elle n'avait jamais cessé de voir.

Les visites de Jacqueline de Moissart devinrent plus fréquentes. Elle était de celles que la tristesse fait fuir. Cette dernière année n'avait modifié ni son caractère ni ses habitudes de mondaine évaporée. Elle contait toujours, avec sa verve étincelante, les histoires courantes qu'elle avait recueillies. Son ménage — si l'on peut appeler cela un ménage — était tout à fait désuni. Chacun allait de son côté : M. de Moissart passait sa vie au cercle ou ailleurs, tandis que Mᵐᵉ de Moissart promenait son désœuvrement et ses toilettes un peu partout. Après avoir accompagné sa femme dans le monde, pendant

quelque temps, Philibert avait fini par l'y laisser
aller seule.

L'amitié de Marthe pour sa cousine s'alarmait
de cet état de choses ; elle y voyait un péril pour
Jacqueline, qu'elle aimait toujours, et qui, sous
ses apparences frivoles, cachait un bon fonds.

Elle cherchait un moyen d'arriver jusqu'à ce
cœur plutôt endormi que vicié, mais elle ne trouvait rien. Une femme que la maternité ne trans-
forme pas est difficile à sauver.

Certains bruits, qui lui revenaient de côté et
d'autre, l'inquiétaient particulièrement. On parlait à mots couverts devant elle des assiduités du
célèbre sculpteur J. Dornand près de Jacqueline.
Il était devenu très à la mode, très recherché ;
mais il ne fréquentait, disait-on, que les salons
où il savait rencontrer la jeune femme. Ces mé-
disances, qui n'arrivaient que voilées aux chastes
oreilles de Marthe, ne laissaient pas que de la
troubler. Elle résolut de faire une tentative près
de Jacqueline.

Depuis quelques jours, cette dernière n'avait
pas paru chez elle. Marthe se décida à aller la
trouver. En arrivant devant la porte de l'hôtel de
la rue Saint-Dominique, elle vit un coupé qui
stationnait et dont elle reconnut le cocher. C'était
celui de Jacques Dornand.

— L'occasion me favorise, pensa Marthe. Je n'aurai pas trop de peine à aborder le sujet qui m'amène.

Le valet de pied, qui restait dans l'antichambre, précédant la jeune femme, lui fit traverser l'enfilade de salons qui conduisaient au boudoir chinois où se tenait généralement Mme de Moissart. Ce petit salon, qui ressemblait à une bonbonnière capitonnée de soie et d'étoffes chinoises, était bourré de divans, de coussins, de meubles, de bibelots japonais. Une porte-fenêtre, voilée de triples rideaux, donnait sur le jardin; un de ces vieux jardins séculaires aux feuillages pâles, qui ressemblent à un jardin de presbytère.

Quoique ce fût au commencement d'octobre, une humidité assez pénétrante régnait dans ces vastes pièces situées au rez-de-chaussée. Mais, en entrant dans le boudoir, où brillait un feu clair, on se sentait saisi par une atmosphère chaude et saturée des parfums d'une cassolette où brûlaient des pastilles odorantes. De lourdes draperies séparaient seules ce petit réduit des grands salons d'apparat. Après avoir amené Marthe jusqu'au seuil du boudoir, le domestique s'était retiré. Elle souleva la portière et trouva sa cousine en compagnie de Jacques Dornand, lequel était installé en face d'elle au coin du feu.

Marthe vint interrompre une conversation intéressante, si l'on pouvait en juger par l'animation qui se trahissait sur le visage des deux interlocuteurs. Malgré sa droiture et sa pureté d'âme, la jeune femme avait déjà trop vu le monde pour ne pas comprendre les dangers et les tentations qui peuvent assaillir un pauvre être lancé dans la vie comme un vaisseau sans gouvernail.

Elle reconnaissait en Jacques Dornand un séducteur dangereux. Sa grâce personnelle, son talent, son esprit railleur et plus encore son prestige d'homme à bonnes fortunes, en faisaient un personnage particulièrement intéressant.

Comment une femme de vingt ans, abandonnée par son mari, uniquement occupée de sa parure, de ses plaisirs, à laquelle personne n'avait parlé de devoir, dont les facultés n'avaient été ni cultivées, ni éclairées par la raison, par de sages conseils, comment la pauvre Jacqueline, déséquilibrée, sans armes pour lutter contre son imagination, n'eût-elle point subi l'attrait d'un homme aussi expert en matière de séduction ?

A l'arrivée de Marthe, Mme de Moissart s'était levée vivement :

— Quel bon vent t'amène ? dit-elle en faisant asseoir sa cousine.

M. Dornand ne put dissimuler un certain embarras. Mais il se remit aussitôt.

Marthe, qui sans en avoir l'air les observait, comprit, à quelques mots, qu'ils devaient se retrouver le soir à l'Opéra. Tandis que la conversation, un peu languissante d'abord, avait repris une allure plus vive, les yeux de Marthe s'étaient portés machinalement vers la table où Jacqueline appuyait sa main gantée. Cette main jouait avec un objet qui attira le regard de Marthe.

C'était un coffret, un objet d'art fort curieux qu'elle se rappelait avoir vu autre part. Elle n'eut pas grand effort de mémoire à faire pour trouver. C'était le coffret qui avait donné lieu à l'incident de l'atelier, l'année précédente. Comment se trouvait-il là? Pour que M. Dornand eût ainsi cédé à une fantaisie de Mme de Moissart, il fallait que ses relations avec elle fussent devenues bien intimes. Qu'elles fussent restées honnêtes, Marthe n'en doutait pas; mais elle jugea que le moment était venu d'essayer de détourner Jacqueline de la funeste voie où elle s'était engagée. Elle attendit que Jacques fût parti. Puis, souriant:

— Par quels subterfuges es-tu arrivée à te faire donner ceci?

Et elle désigna le coffret.

Jacqueline rougit.

— Ah ! cela t'intrigue, dit-elle en riant, mais avec peu de franchise. Je n'ai eu qu'un mot à dire pour amener à merci l'ennemi pieds et poings liés.

— Et ce mot ?

— Ah ! tu es bien curieuse, continua Jacqueline sur le même ton. Mais je suis bonne princesse et je consens à satisfaire ta curiosité. J'ai dit : *Je veux*, tout simplement.

— Sais-tu, ma chère, que ce mot est un engagement, ou que du moins il laisse le champ libre à toutes les espérances ?

— Eh bien ! après ?

— Voyons, ma chérie, tu ne parles pas sérieusement ?

— Tu sais bien que je ne suis pas sérieuse, dit Jacqueline avec un léger haussement d'épaules. Je suis ce que j'ai toujours été : une créature à part, qui n'a d'autres torts que d'aimer le mouvement, le plaisir, la gaieté, qui étouffe dans cette atmosphère de routine et de convenances inventées par la société, pour recouvrir des turpitudes ignorées. Moi, j'aime le grand jour, je ne me cache ni pour dire ce que je pense, ni pour faire ce qui me plaît.

Un moment interdite par cette sortie véhémente, Marthe trouva, dans son désir d'être utile, le courage de protester.

— La raison ne peut admettre de tels so-
phismes, dit Marthe avec gravité. Tu es trop intelligente, trop droite, pour penser un mot de ce
que tu viens de dire. Je comprends que tu aimes
le plaisir, mais je ne comprends pas que tu
n'aimes que cela. Cette légèreté perpétuelle d'allures, de langage, d'idées, est pleine de dangers
pour une jeune femme livrée à elle-même. Tu es
honnête, et telle tu veux rester, j'en suis certaine.
Mais l'honnêteté est une chose grave, qui a besoin de s'appuyer sur des principes sérieux, sur
une existence familiale. La vertu me semble in-
compatible avec la vie d'où l'on bannit les devoirs
naturels pour lesquels nous sommes créées. Une
femme qui ne sait pas être mère n'est pas une
honnête femme.

— Ah! cela, c'est par trop fort, s'écria Jacqueline! Qu'est-ce que tu entends par là?

— Comment veux-tu, continua Marthe, qu'une
femme qui n'a point la force de sacrifier à un devoir sacré des plaisirs qui intéressent sa vanité
plutôt que son cœur; comment veux-tu qu'elle
puisse résister aux tentations, aux séductions
qui l'environnent de toutes parts?

— Mais voyons, ma chère, qu'est-ce que tu
me reproches, décidément?

— Tout et rien.

Jacqueline commençait à donner quelques si-
gnes d'impatience.

— Allons, Marthe, dit-elle d'un petit ton pro-
vocant, explique-toi? Tu n'es pas venue pour
me faire ce sermon, sans idée préconçue. Parle!
Je suis préparée.

— Ma pauvre chérie, fit Marthe tristement,
pardonne à mon amitié de s'alarmer ainsi; mais,
quoi qu'il m'en coûte, je remplirai mon devoir,
en t'éclairant sur les conséquences de la vie que
tu mènes. Tu te compromets en acceptant les assiduités de M. Jacques Dornand.

Jacqueline eut un geste de protestation.

Marthe continua sans paraître s'en apercevoir.

— Tout le monde en parle. Si j'avais été seule
à le remarquer, je ne t'en aurais peut-être rien
dit; mais tu dois songer à ta réputation, au nom
que tu portes, à ton enfant, à ton mari. Si cela
allait arriver aux oreilles de ce dernier!

— Eh bien! dit Jacqueline ironiquement... et
le divorce?

— Voyons, ma chérie, dit Marthe en lui prenant les mains, écoute la voix de la raison!
Laisse-moi te persuader de rentrer dans une vie
plus sérieuse, plus vraie. Si tu fais aujourd'hui
une si grande place aux joies factices que donne
le monde et ses entraînements, si tu leur sa-

crifies des bonheurs plus intimes et plus dignes, que te restera-t-il plus tard ? Pas même ta propre estime !

— Tout cela t'est facile à dire, s'écria Jacqueline avec véhémence ! Toi qui as un mari que tu aimes et qui t'aime, et à qui tout sourit dans la vie ! Mais moi qui n'ai rien, si ce n'est un mari toujours absent, qui abandonne son foyer pour aller fumer, jouer au club ; qui passe ses journées au cercle, ses soirées dans les coulisses de l'Opéra et ses nuits je ne sais où. Si je n'avais pas le monde et ses entraînements, comme tu dis, que me resterait-il ?

— Ton fils, répondit Marthe.

En essayant de faire vibrer dans cette âme frivole la corde maternelle, Marthe se heurtait à un obstacle presque insurmontable. Jacqueline n'était pas née pour être mère. Personne ne lui ayant appris ses devoirs, elle ignorait que cette mission si belle que Dieu confie aux femmes d'élever leurs enfants, leur impose de se sacrifier à eux. Mais Marthe, dans son zèle pour le bien, était persuadée qu'avec un peu de persévérance, elle saurait toucher ce cœur qu'elle croyait accessible à de généreux élans.

— Mon fils ! répéta en riant Jacqueline, dont la colère faisait place à une stupéfaction profonde,

sa nourrice lui suffit. Mais, à moi, quel plaisir
veux-tu qu'il me donne?

— C'est là ton malheur, ma pauvre Jacqueline,
de chercher toujours le plaisir, riposta Marthe,
qui ne se tenait pas pour battue. Et, pourtant,
tu n'es pas sans t'être aperçue qu'au fond de
tout plaisir il y a une amertume. Qui te dit que
si tu t'occupais de ton enfant toi-même, si tu re-
cueillais ses premiers sourires, si tu essuyais ses
premières larmes; en un mot, si, en toutes
choses, tu guidais ses premiers pas, qui te dit
qu'alors, au fond de toutes ces peines, tu ne
trouverais pas des joies au-dessus des plaisirs
que tu rêves?

— C'est possible, répondit Jacqueline.

— Et si, après avoir goûté ces premières joies
de la maternité, tu continuais à t'intéresser à ton
enfant, si tu ne laissais pas au hasard le soin de
son éducation ; si tu mettais ton bonheur et ton
honneur à le surveiller, à suivre le développe-
ment de son esprit, à en faire un homme enfin,
qui te dit que dans cette tâche si haute, la mère
ne trouverait pas une consolation aux amers déboires de l'épouse?

— Tu as peut-être raison. J'y songerai, j'es-
sayerai. Mais, pardon, ma bonne Marthe, il faut
absolument que je m'habille. Je répète, à cinq

heures, chez la princesse Tirka. Nous jouons chez elle, la semaine prochaine, *Il ne faut jurer de rien,* de Musset, et je n'ai que le temps de me préparer.

Marthe se leva aussitôt.

— Tu ne m'en veux pas? demanda-t-elle en l'embrassant.

— Moi, t'en vouloir! mais je t'adore, fit Jacqueline distraitement, en sonnant sa femme de chambre.

CHAPITRE XIII

Marthe sortit de cet entretien brisée et décou-
ragée. Sans s'avouer vaincue, elle commençait
pourtant à perdre l'espoir de ramener sa folle
cousine à des idées plus saines et plus conformes
à la raison. Le désœuvrement intellectuel est le
plus redoutable des fléaux. Que de fautes n'ont
souvent d'autre cause que l'absence d'occupations
sérieuses !

Si peu expérimentée que fût Marthe en ces
sortes de choses, elle s'alarmait du péril où se
trouvait Jacqueline. Elle cherchait une solution
à ce problème, qu'elle désirait résoudre, et,
l'esprit absorbé dans cette pensée, elle marchait
droit devant elle sans s'occuper de ce qui se passait dans la rue. Un cri aigu attira soudain son
attention. Une fillette, chargée d'un carton, venait
de tomber sur le bord du trottoir en cherchant à
éviter une voiture. Son front avait porté sur la
pierre, et du sang coulait sur le visage de l'enfant, privée de sentiment. Cet accident occasionna
aussitôt un rassemblement. On releva la fillette

et on la porta jusqu'à une pharmacie voisine.

Marthe suivit la foule, afin de constater par elle-même l'état de la petite blessée. Elle la reconnut et laissa échapper une exclamation de surprise. C'était la fille d'une de ses protégées, une pauvre femme chargée de famille, qu'elle assistait.

A la vue de Mme Chamblay, Pauline Blanc — c'était le nom de la fillette — eut un sourire joyeux. Sa blessure était légère ; la commotion passée, il ne lui restait plus que la frayeur de se voir entourée de tant de monde, mais elle se trouva vite rassurée par la présence de Mme Chamblay, dont elle connaissait la bonté. Celle-ci s'approcha de Pauline, qu'elle prit par la main, et, après avoir remercié les personnes charitables qui avaient donné les premiers soins à la fillette, elle la fit monter dans un fiacre et la reconduisit chez sa mère.

Mme Blanc habitait un petit logement au dernier étage d'une maison de la rue Saint-Honoré. Quoiqu'il fût des plus modestes, l'intérieur de la protégée de Marthe était de la plus grande propreté ; tout y respirait l'ordre et le bon goût. On sentait que la maîtresse du logis mettait ses soins à dissimuler sa pauvreté et à sauvegarder les apparences.

Marthe la trouva, comme toujours, entourée de ses enfants qu'elle dirigeait et instruisait de son mieux. Tandis qu'un garçonnet d'une dizaine d'années faisait ses devoirs devant une table placée près de la fenêtre, une petite fille de cinq ans environ, blonde et frisée, suivait gravement avec son doigt les lettres d'un alphabet, et, près de la maman occupée à coudre, s'ébattait sur un vieux tapis le dernier baby tout rose, qui remplissait la chambre de ses cris et de ses rires enfantins.

Le tableau de cet intérieur paisible et harmonieux, où les enfants tenaient une si grande place, où le travail était si bien réglé, qu'il semblait facile même aux plus petits, ramena la pensée de Marthe sur la maison de sa cousine, où tout était livré au hasard; elle se dit que le salut de la femme devait venir de l'enfant, et, tout en causant avec Mme Blanc, l'idée lui vint d'amener la pauvre Jacqueline chez cette brave mère de famille et de l'initier ainsi peu à peu aux devoirs qu'elle négligeait trop elle-même.

En rentrant chez elle, Marthe en parla à son mari. Ayant l'habitude de lui raconter ce qu'elle faisait dans la journée, elle ne crut pas devoir omettre de lui dire la triste impression que lui avait faite sa visite chez Jacqueline.

— Sais-tu ce que je médite en ce moment? dit-elle à Raymond, qui semblait l'écouter d'un air distrait.

— Non, fit-il négligemment.

— Eh bien, continua-t-elle, il m'est venu une idée que je trouve lumineuse. Si je conduisais Jacqueline chez ces pauvres gens, ne crois-tu pas que la vue de cet intérieur la toucherait — car elle a bon cœur — et que l'exemple de cette tendre mère pourrait avoir sur elle une bonne influence?

Raymond connaissait trop la vie pour garder des illusions sur Jacqueline. Il savait que les femmes de ce genre, frivoles et désœuvrées, n'ont dans la tête et dans le cœur qu'un grand vide et une indifférence qui touche parfois à la sécheresse. Mais il avait, pour la pureté d'âme de sa femme, un si grand respect, qu'il n'eût pas voulu l'effleurer d'une parole sceptique, ou d'un doute affligeant.

— Peut-être, répondit-il ; je souhaite que tu réussisses, ma chérie, car tu as vraiment une ferveur d'apôtre, lorsqu'il s'agit de faire du bien à ceux que tu aimes.

— Tu te moques de moi, je crois, fit Marthe en riant.

— Mais non, mon enfant, je parle très sérieu-

sement, dit Raymond, dont le visage exprimait
une sorte de lassitude.

— En effet, tu as l'air sérieux, très sérieux,
même soucieux. Aurais-tu quelque ennui? demanda Marthe inquiète.

— Rien du tout, je n'ai rien.

— Pourtant, insista-t-elle, tu n'as pas ton bon
sourire habituel, je t'assure.

— Tu crois? dit Raymond en riant. Tu vois,
j'obéis.

Et, comme pour rassurer complètement la chère
créature, Raymond lui proposa une de ces promenades à deux qu'elle aimait tant. Et ils s'en
allèrent droit devant eux, vers les boulevards,
flânant, s'arrêtant devant les magasins comme
deux amoureux.

Quelque temps après, la jeune femme se rendit rue Saint-Dominique. Elle avait hâte de revoir
Jacqueline et d'arriver avant l'heure du Bois. En
vraie mondaine, Mᵐᵉ de Moissart montait à cheval
et se montrait, le matin, allée des Acacias. Marthe
se demandait si elle allait obtenir de Jacqueline
qu'elle renonçât à sa promenade pour l'accompagner dans une visite de charité. Elle sonna et
chargea un valet de demander si sa cousine pouvait la recevoir. La réponse ne se fit pas attendre,
elle était affirmative.

Mᵐᵉ Chamblay entra dans la chambre à coucher de Jacqueline. Celle-ci, dans un déshabillé de dentelle, un peu pâle, les yeux rouges, l'air abattu, était étendue sur sa chaise longue.

— Tu es souffrante? dit Marthe en allant vivement vers sa cousine.

— Non, chère, dit celle-ci; mais comme tu es gentille de venir me voir ce matin! Justement, je ne savais que faire. Mon couturier m'a manqué de parole, je n'ai pas d'habit de cheval mettable. Je ne suis pas une trotteuse comme la comtesse P... ou la princesse B... Aller au Bois et en revenir à pied, c'est raide. Déjeunes-tu avec moi?

— Au contraire, fit Marthe, je viens t'enlever. Tu viendras faire des courses avec moi et je t'emmène déjeuner à la maison.

— Oh! je veux bien, fit Jacqueline en se levant d'un bond. Je vais m'habiller promptement, je ne te ferai pas attendre longtemps, sois tranquille.

— Prends ton temps. Si tu le permets, je vais aller embrasser ton petit garçon.

— Eh bien! c'est cela, va embrasser Hubert. Tu me diras s'il est sage. Je ne l'ai pas encore vu aujourd'hui.

La nursery était assez éloignée de la chambre.

de Jacqueline pour que celle-ci ne fût pas in-
commodée par les cris de l'enfant. Le baron
Hubert de Moissart était dans les bras de sa
nourrice, occupé à teter. La belle Arlésienne n'é-
tait point encore attifée et, comme les femmes
de son pays, elle ne brillait pas par l'ordre. Sa
tenue, plus que négligée, était en harmonie avec
l'ensemble de la pièce, où tout était sens dessus
dessous. L'enfant lui-même, n'étant pas préparé
pour les visites, avait une robe brodée toute ta-
chée et, en le prenant dans ses bras, Marthe cons-
tata qu'il répandait cette odeur de lait suri que
portent avec eux les enfants mal soignés.

— Il est si beau, ce poupon ! pensa Marthe, en
couvrant de caresses le petit enfant, qui lui souriait.

La nourrice, blessée dans sa vanité, s'excusait
de son mieux :

— Si j'avais su que madame dût venir, j'aurais
habillé M. le baron.

Marthe pensait que, pour laver et habiller un
enfant, il n'est pas besoin d'attendre une visite.
La santé de ces petits êtres dépend en grande
partie d'une extrême propreté. Il est évident
qu'un bon lait est, avant tout, ce que doit recher-
cher une mère ; mais elle a aussi à surveiller
les détails de la toilette de son enfant, et à se

rendre compte par elle-même des soins qu'on lui
donne.

— S'il était à moi, pensait Marthe, je ne céde-
rais à qui que ce fût la mission de le soigner.
Quelle joie ce doit être d'élever un petit être à
soi! Et dire que Jacqueline s'ennuie! Pauvre
femme!

Mme de Moissart rentra en ce moment, ache-
vant de mettre ses longs gants de Suède, de la
couleur de son *complet* de drap fauve.

— Pardon, chérie, je t'ai fait attendre, je crois.
Prenez votre enfant, nounou, dit-elle, en se tournant du côté de l'Arlésienne. Tu n'es pas bien
habillé, mon fils!

Elle embrassa le poupon et entraîna Marthe.

Les deux femmes cheminèrent pendant quelques instants, Jacqueline babillant, Marthe écou-
tant. Elles étaient arrivées ainsi jusqu'au pont de
la Concorde.

— Ah çà! où me mènes-tu? demanda Jacqueline. Tu m'as dis que nous allions faire des
courses, pour des emplettes sans doute?

— Tout le contraire, fit Marthe en riant. Il y
aura peut-être de l'argent à dépenser, mais il ne
nous en reviendra rien.

— Je ne comprends pas. Mais j'aime mieux
ça, c'est bien plus drôle.

— Ne te monte pas la tête. Ce n'est pas un plaisir que je vais t'offrir. C'est plutôt l'occasion de faire plaisir.

— Une énigme, alors. Je commence à trembler.

— Oh! il n'y a pas de quoi, dit Marthe gaiement. Mais commençons par aller ici, dit-elle, en entrant dans une boutique de confiseur, qui se trouvait à cet endroit.

Elle acheta des bonbons et du chocolat et ressortit suivie de Jacqueline, qui était fort intriguée.

— Pour qui toutes ces friandises? demanda-t-elle.

— Pour des enfants que nous allons voir.

— Ah! mais c'est un guet-apens. Une visite de charité... Je me sauve.

— Pas le moins du monde, tu viens avec moi, car j'ai besoin de toi.

La menace de Jacqueline n'était pas sérieuse. Tout ce qui faisait diversion à sa vie ordinaire la charmait. Cette excursion matinale, faite à pied avec Marthe, avait une saveur piquante qui n'était pas pour lui déplaire. Elle se faisait l'effet d'une princesse qui sort incognito. Elle était déjà blasée sur ses voitures armoriées, ses laquais poudrés, sur tout ce luxe qui l'avait d'abord tant amusée. Quoiqu'elle fût dame patronnesse d'une société de bienfaisance, elle se dispensait, avec de l'argent, des charges effectives et ne gardait pour elle que ce qui lui plaisait, c'est-à-dire les ventes de charité, les représentations au profit des pauvres, les quêtes, etc. Elle devinait qu'il s'agissait d'une chose sérieuse. Mais une fois n'est pas coutume, et, d'ailleurs, ce jour-là elle se sentait dans une disposition d'esprit assez étrange, nerveuse, plus près des pleurs que du rire.

Arrivée devant la maison de la famille Blanc, Marthe s'arrêta.

— C'est ici, dit-elle, que va s'éclaircir le mystère. Je te mène tout simplement dans une famille charmante que je désire mettre sous ta protection. Moi, j'en ai tant à visiter, que je ne puis pas en augmenter le nombre. Il faudra tout ton tact et toute ta délicatesse pour arriver à être utile à cette mère de famille, qui est fière, et n'accepte un service que s'il est déguisé. Tu as trop de cœur pour ne pas être justement là personne qu'il faut dans cette circonstance. C'est pour cela que je t'ai choisie.

Jacqueline ne répliqua pas. C'était déjà un grand point de gagné.

Les deux jeunes femmes montèrent rapidement l'escalier. Marthe sonna. Ce fut Pauline qui vint ouvrir.

Après avoir salué gracieusement les deux dames, elle les fit entrer dans la pièce qui servait à la fois de cabinet d'étude, de salle à manger et de salon.

Malgré l'heure matinale, tout y était propre et bien rangé. La petite table était préparée près de la fenêtre, les livres de l'enfant à leur place, les travaux de couture bien pliés dans une corbeille à ouvrage. Tous les objets journaliers, qui se trouvaient dans cette pièce — lieu de réunion de la famille — tout cela était soigneusement rangé et l'on voyait que dans cet intérieur on mettait en pratique la maxime qui dit : « Une place pour chaque chose et chaque chose à sa place. »

Pauline avança deux sièges pour les visiteuses :

— Je vais chercher maman, dit-elle à Marthe. Voulez-vous être assez bonne pour attendre un instant?

— Nous ne voudrions pas la déranger, si elle est occupée. Je suis montée pour voir si votre accident de l'autre jour n'a pas eu de suites.

— Je vous remercie bien, madame, répondit la fillette. Je vais très bien. C'est maman qui est fatiguée. Le bébé a été malade. Maman a dû passer quelques nuits.

— Oh! mais alors, dit Marthe, il faut la laisser se reposer, nous reviendrons un autre jour.

Et, déposant ses paquets sur la table :

Ce sont des bonbons pour les petits enfants... et aussi pour les grands, dit-elle en souriant.

— Permettez-moi, madame, d'insister, dit la fillette. Maman serait désolée de ne pas vous voir.

L'enfant sortit, puis rentra aussitôt.

— Maman vient tout de suite. Pardonnez-moi, madame, de n'avoir pas pensé à allumer le feu.

Quoique Marthe voulût l'en empêcher, Pauline mit une allumette sous le feu, qui était préparé à l'avance. Mme Blanc entra en ce moment. Elle s'avançait souriante vers Mme Chamblay, et, rougissant un peu à la vue de l'inconnue qui l'accompagnait, elle salua les deux visiteuses.

— Que vous êtes bonne, madame, dit-elle à Marthe, de venir nous voir ainsi !

— J'étais un peu inquiète de la chute de Pauline, et je voulais avoir de ses nouvelles. Puis voici ma cousine à qui j'ai tant parlé de vos enfants, qu'elle meurt d'envie de les connaître.

Par bonheur, en disant ces mots, la jeune femme ne se retourna pas du côté de Jacqueline ; elle l'aurait vue étouffer un éclat de rire sous une grimace.

— Justement mon petit Paul est en classe,

maïs je puis faire venir Charlotte, si vous le dé-
sirez.

Pauline n'attendit pas la réponse et courut
chercher sa petite sœur.

— Comment va le bébé, aujourd'hui? demanda
Marthe.

— Tout à fait bien. Mais nous avons été assez
inquiets ces jours-ci. Il avait une grosse fièvre.

— Vous êtes toute seule, madame, pour élever
tout ce petit monde? fit Jacqueline, qui sentait la
nécessité de dire quelque chose.

— Oui, madame. Je fais du moins tout ce que
je peux pour garder la plus grande part pour
moi-même et ne confier aux étrangers que le
moins possible ces chers petits êtres.

Ici Marthe jeta à la dérobée un coup d'œil sur
Jacqueline. Celle-ci ne sourcillait pas.

— Mon mari est bien bon, ajouta Mme Blanc.
Que de nuits il a passées aux chevets de nos enfants! Mais il travaille tellement, qu'il lui faut
du repos.

— Et vous n'avez pas même une femme de
ménage? s'écria Jacqueline. Mais vous devez
être tuée!

— Oh! non, madame, dit en souriant la mère
de famille. Seulement, parfois on est un peu fatiguée. Les soins que demandent quatre enfants

d'âge divers sont tellement différents, qu'il faut pour ainsi dire se faire un programme pour chacun.

— Un programme pour chacun! dit Jacqueline. Quel programme?

— Je me lève la première, bien entendu. Puis j'éveille et je lève les enfants, les petits, car Pauline et Paul se lèvent bien seuls. On fait la prière en commun ; chacun la fait à son tour. Pour Pauline, qui a ses deux cours par jour à l'école professionnelle, il me reste à lui faire faire ses devoirs de français. Avant que Paul parte pour sa classe, le matin, je lui fais réciter ses leçons. Quant à Charlotte, elle ne me quitte pas. Je lui apprends à lire et à écrire. Ses heures de couture sont réglées. C'est le baby qui me prend le plus de temps. Jusqu'à ce qu'il marche tout seul, je ne puis guère le laisser. Tant qu'ils sont petits, les enfants donnent tant de peine! Mais que ces peines sont compensées par les joies qu'ils nous donnent !

Ce fut au tour de Jacqueline de regarder Marthe. Elle comprenait ce qu'avait voulu sa cousine. On lui faisait la leçon ; mais elle n'était pas femme à se troubler pour si peu. Sa nature bonne enfant et insouciante finissait toujours par reprendre le dessus. Elle considérait Marthe

comme étant d'une essence *différente*. « Moi, je
suis comme tout le monde, pensait-elle, c'est elle
qui est l'exception. » Elle respectait pourtant ce
qu'elle croyait être des illusions et, avant tout,
elle tenait à ne pas faire de peine à cette charmante femme. Aussi fit-elle bon visage à mauvaise fortune. Elle écouta avec complaisance les
théories de Mme Blanc, qui se laissait volontiers
aller à parler lorsqu'il s'agissait de ses enfants,
et affecta même de prendre intérêt à tout ce
qu'elle disait.

— Vous êtes une mère incomparable, dit-elle
poliment à Mme Blanc.

— Je suis une mère comme toutes les autres,
répondit celle-ci. Une mère qui s'affranchit de
tous ses devoirs n'est pas digne d'avoir des enfants et, d'ailleurs, j'imagine que, s'il en existe,
Dieu se charge, tôt ou tard, de les rappeler à
elles-mêmes. Nos enfants sont nos juges. Leur
tendresse ou leur indifférence, voilà la récompense ou le châtiment qui nous attend...

L'arrivée de la petite Charlotte mit fin à un
entretien dont la gravité commençait à ennuyer
Jacqueline. Le visage tout rose et souriant de la
petite blondinette lui plut ; elle l'attira à elle, la
caressa et la fit jouer, tandis que Marthe continuait de causer avec Mme Blanc.

— C'est pour mon garçon que j'ai le plus de souci, disait la pauvre mère. Mes filles, j'arriverai toujours bien à les élever moi-même pour la vie modeste qu'elles sont appelées à mener; je leur donnerai un état qui leur permettra d'être indépendantes et j'en ferai d'honnêtes filles. Mais diriger l'éducation d'un jeune homme est chose difficile pour une femme, et mon pauvre mari travaille trop pour pouvoir s'occuper de Paul. Je saurai bien, moi, donner à mon fils l'habitude et le goût du travail; armer sa conscience de foi et d'honneur et le sauvegarder ainsi des mauvais exemples. J'avoue que j'ai une ambition plus haute pour lui : je le voudrais instruit; je voudrais en faire un homme distingué... Mais je m'oublie, ajouta en souriant Mᵐᵉ Blanc, qui s'était animée en parlant de Paul, et j'abuse étrangement de votre gracieuseté, mesdames...

— Pas du tout, dit Marthe en donnant le signal du départ; vous nous avez beaucoup intéressées et je suis sûre que ma cousine est enchantée d'avoir fait connaissance avec vos gentils enfants.

— Certainement, fit Jacqueline, et, si vous le permettez, je viendrai revoir ma petite amie Charlotte, à qui j'ai promis une grande poupée articulée.

— J'espère que Charlotte n'a pas eu l'indiscrétion de vous parler de cette poupée dont elle m'entretient sans cesse et qu'elle a vue à une devanture de magasin de jouets? demanda Mme Blanc inquiète.

— Non, madame, rassurez-vous, reprit en riant Mme de Moissart. C'est moi qui lui en ai parlé la première; elle a été très discrète; ses jolis yeux ont seuls révélé le plaisir qu'elle aurait à voir de plus près l'objet de son admiration.

— Je suis vraiment confuse...

— Non, non, ne vous troublez pas, madame, et laissez-moi me faire ce plaisir, dit Jacqueline, qui embrassa tous les enfants les uns après les autres.

Lorsque les deux jeunes femmes furent au bas de l'escalier, Jacqueline se tourna vers Marthe :

— C'était un guet-apens? dit-elle avec un grand sérieux.

— Non! répondit Marthe. J'ai voulu te faire connaître un plaisir que tu ignorais. Ai-je eu tort?

— Ma foi, non, dit Jacqueline en reprenant son enjouement. Cette petite est vraiment gentille. Je crois que quand Hubert aura cinq ans je l'aimerai aussi.

CHAPITRE XIV

VAUGLARD.

Au printemps de l'année suivante, il fut décidé que l'on passerait l'été à Vauglard. Ce projet souriait beaucoup à Mme Chamblay mère, qui avait une affection particulière pour cette propriété, et Marthe éprouvait une vraie joie à la pensée de revoir la maison où elle avait passé les premiers temps de son mariage.

Vauglard n'était pas un château, mais plutôt une maison de campagne, grande et spacieuse, dont l'architecture n'offrait rien de remarquable. Elle se trouvait placée au milieu d'un parc, sur une élévation, d'où l'on dominait les villages environnants. Un petit cours d'eau serpentait autour d'une vaste pelouse qui s'étendait devant la façade de la maison. Au-dessus du perron, élevé de quelques marches, dans le vestibule, se trouvait un escalier de pierre à double rampe de fer qui montait au premier étage et séparait l'habitation en deux corps de logis. De chaque côté, sur un vaste corridor, s'ouvraient de grandes chambres à peu près uniformes, dont les fenê-

tres donnaient, les unes sur la pelouse, les autres
sur un bois situé derrière la maison.

L'ameublement de ces chambres était simple :
draperies de cretonne unie, meubles de noyer.
L'aspect du salon et des pièces du rez-de-chaussée
n'était guère plus élégant. Le mobilier, de vieille
date, et un peu incomplet, avait besoin de répa-
rations, la maison ayant été fermée après la mort
de M. Chamblay père, et confiée aux soins des
jardiniers.

A côté de cette demeure depuis longtemps
inhabitée, on voyait un petit pavillon entouré de
lierre, ancien rendez-vous de chasse, lequel avait
été meublé à neuf pour le mariage de Raymond.
C'est là que les jeunes époux avaient habité pendant leur séjour à Vauglard. Il fallait rajeunir
tout cela. Marthe se mit à l'œuvre avec son
entrain habituel. Elle visita les magasins, découvrit des étoffes merveilleuses de goût et de bon
marché, des cretonnes à grands ramages, des
toiles peintes avec verdure et oiseaux, des perses
camaïeux, des mousselines-vitraux, etc.

Mais avant d'envoyer les tapissiers, elle voulut
se rendre compte par elle-même des restaurations
à faire. Un jeudi, elle prit avec elle Geneviève
Émery, qui mourait d'envie de connaître la
maison, et alla passer la journée à Vauglard. L'ex-

press de neuf heures dix minutes les mit à Montargis à onze heures vingt-deux minutes. Le jardinier Baptiste les attendait à la gare avec une voiture qui les conduisit à la propriété en moins d'une demi-heure. La jardinière avait préparé un déjeuner champêtre : une omelette au lard, un poulet sauté et du café à la crème. Le tout servi dans la salle à manger du pavillon de chasse, dans la cheminée de laquelle flambait un beau feu clair.

On était au commencement d'avril, et quoique le soleil eût fait son apparition printanière, l'air était assez vif. Les chambres du pavillon étaient ouvertes. Tout était bien propre et bien soigné. Ce fut pour Marthe un vrai plaisir de revoir ce petit nid.

— Nous le garderons comme une chose à nous, avait-elle dit à son mari. Ce sera comme une retraite aimée où nous viendrons rêver et peut-être où nos enfants habiteront un jour, lorsque la grande maison sera habitée par nos petits-enfants.

Après le déjeuner, Marthe et Geneviève visitèrent l'habitation principale, que la jardinière avait aérée et qui, malgré tout, dégageait une forte odeur de moisi.

— Il faudra faire du feu dans toutes ces pièces, dit Marthe à Mᵐᵉ Baptiste ; cela sent la cave.

Et les deux jeunes femmes se mirent en devoir de passer une revue consciencieuse de la maison, depuis la cave jusqu'au grenier. Elles commencèrent par ce dernier, ou du moins par les mansardes situées au-dessus du premier étage. Marthe s'était munie d'un carnet. Elle le tendit à Geneviève.

— Tiens, fit-elle, prends, tu écriras les notes pendant que j'examinerai. D'abord faire repeindre toutes les mansardes à l'huile. Les lits de fer, les meubles sont en bon état. Faire refaire et nettoyer tous les matelas. Un coup d'encaustique sur les carreaux. Est-ce écrit?

— Oui, répondit Geneviève, que cela amusait beaucoup.

Elles descendirent au premier. De chaque côté de l'escalier se trouvaient six chambres à coucher, dont trois sur la façade et trois sur le bois de sapins, derrière la maison.

— Crois-tu que ma cretonne à ramages va faire assez bon effet sur ces grands murs froids? J'en ai de toutes les nuances; le fond rouge sera pour les brunes, le fond bleu pour les blondes; je réserve le fond chamois pour les chambres de la famille. Tu vois, ces trois-là, sur la façade, sont destinées à ma belle-mère, à Raymond et à moi. Du côté correspondant, à gauche de l'escalier, il y a trois pièces semblables qui seront des chambres d'amis.

— Celles qui donnent sur le bois sont aussi très agréables, dit Geneviève, qui avait] un goût particulier pour les bois de sapins.

— Mais oui, dit Marthe; quand elles seront arrangées, elles seront très jolies. Tu vas choisir la tienne tout de suite, car je te retiens pour toutes les vacances.

— Je veux bien, s'écria Geneviève joyeusement. Quel bonheur de venir passer deux mois avec toi, sans tante Cyprienne ; tu ne l'inviteras pas, n'est-ce pas ?

— Si, mademoiselle, je l'inviterai parce qu'elle est malheureuse et vieille. Mais rassure-toi, continua Marthe en riant, je l'inviterai avant les vacances. Toi, tu l'as toute l'année; il est juste que que je l'aie à mon tour pendant quelques semaines.

— Toujours bonne, ma petite Marthe. Eh bien ! voici la chambre que je désire, dit Geneviève en désignant la porte qui se trouvait en face de celle de son amie.

— C'est convenu. Quelle cretonne veux-tu ?

— Ah ! voilà qui m'est égal, par exemple. Ce que j'aime dans la campagne, c'est la campagne. Ce que j'aime dans ta maison, c'est toi. Ce bois de sapins fait mes délices.

— Je ferai donc à mon goût, dit Marthe. Ma belle-mère tient à la chambre du coin, et comme à son âge il est bon qu'elle ait sa femme de chambre près d'elle, je mettrai Françoise à côté. Il me restera douze chambres d'amis, ce sera bien juste; car nous désirons recevoir beaucoup. Nous ferons des séries, comme autrefois on en faisait à Compiègne.

— Tu me mettras dans la série des gens sérieux, n'est-ce pas? Ce sont les seuls amusants, dit Geneviève.

— Je tâcherai. Pour le moment il faut nous dépêcher de prendre nos notes. N'oublions pas que le train part à trois heures vingt et une minutes. Commençons par examiner les meubles.

Et la jeune femme parcourut toutes les pièces, examinant, appréciant chaque chose comme eût pu faire le commissaire-priseur le plus expert.

— Ça va bien, dit-elle. Les meubles sont commodes et ne manquent pas de cachet; il n'y a vraiment pas grand'chose à faire dans quelques-unes des chambres. Écris : manquent quatre grands lits complets, deux petits. Toilettes, armoires, tables et chaises. Je recruterai quelques meubles dépareillés, tels que bergères, crapauds, chaises longues, pour donner un peu de confort à ce vieux mobilier, et j'y ajouterai ces mille riens qui rendent vivantes les pièces que l'on habite.

— Le père de Raymond recevait donc beaucoup? demanda Geneviève, que cette quantité de chambres d'amis étonnait un peu.

— Il paraît que M. Chamblay était un grand chasseur, et qu'à l'ouverture il réunissait ses amis et ses compagnons de chasse. Ma belle-mère me parle souvent des dîners plantureux qu'elle donnait à cette occasion. Ah ! mais j'y pense, où est donc la lingerie?

— N'est-ce pas ici? dit Geneviève en entrant dans une chambre garnie d'armoires.

— Oui, je ne l'avais pas vue, cela me fait une chambre de moins. Voyons !

Et Marthe ouvrit toutes les armoires. Quoique la plus grande partie du linge eût été enlevée, il restait encore quelques paires de draps, quelques serviettes et quelques torchons. Marthe monta sur une chaise et fit l'estimation approximative de ce qui s'y trouvait.

— Si le respect ne me liait la langue, je dirais que ma belle-mère n'a pas le sens commun de laisser ainsi moisir ce linge. Il va falloir faire lessiver tout cela. Ajoute: trente paires de draps, six services de table, trente douzaines de serviettes de toilette, dix douzaines d'essuie-mains, compléter linge de cuisine. Et maintenant sauvons-nous au rez-de-chaussée.

Les deux jeunes femmes firent rapidement l'inventaire du salon et de la salle à manger que séparait une salle de billard.

Les vieilles boiseries blanches du salon étaient assez belles. Marthe décida qu'on n'y toucherait pas. Elles encadreraient des panneaux de verdure. L'ameublement était en bois blanc également.

— Quel dommage, s'écria Marthe, que ces étoffes soient mangées des vers ; elles étaient vraiment belles ! Faire recouvrir tout cela. Ajouter des glaces, des jardinières, des tables, beaucoup de petites tables, de bons fauteuils capitonnés, des nattes....

— Et un piano ?

— Cela va sans dire. Voilà pour le salon. Traversons le billard, mais n'y faisons pas une longue pause, car nous allons manquer le train. Et puis, pour une salle de billard, l'essentiel est que le billard soit bon. C'est Raymond qui se chargera de constater cela. Il y a des banquettes tout autour. Faire mettre le gaz. Faire peindre la salle à fresque. C'est noté ?

— Oui.

Il restait à visiter la salle à manger. Seule, de toute la maison, cette pièce avait gardé une cer-

taine allure. Avec sa haute cheminée, ses crédences, ses bahuts, son immense table de noyer
massif, elle n'eût pas été déplacée dans une demeure seigneuriale.

— Est-ce assez de l'époque? comme disent les
amateurs d'ancienneté, dit Geneviève en riant.
Je crois que je puis fermer mon carnet. Quand tu
auras égayé cela par des fleurs, ce sera complet.

Marthe, pendant ce temps, furetait partout,
ouvrant les armoires, cherchant à se rendre
compte de ce qu'il y avait et de ce qu'il fallait
envoyer comme vaisselle, argenterie, etc. Tout
d'un coup elle poussa un petit cri de surprise.

— Ah! ma chère, si tu savais ce que je dé-
couvre au fond de ce bahut!

Et la jeune femme sortait un à un des morceaux d'étoffes passées, des soies brochées, des
velours anciens, des tissus brodés, le tout en
parfait état de conservation.

— Voilà qui est étrange, dit-elle. Je ne puis pas
me figurer que ces belles étoffes anciennes viennent du mobilier de ma belle-mère. Elle est si
simple de goûts! Mais n'importe, je m'en empare
et je vais les employer à recouvrir de petits meubles
de fantaisie. On fait en ce moment, à peu de frais,
avec les vieilles étoffes des choses charmantes
qui ont beaucoup de genre, telles que : encoi-

gnures, étagères, tables à ouvrage, supports, etc.
Le menuisier se charge de les fabriquer en
bois blanc et le tapissier les recouvre ensuite
avec ces étoffes et des franges assorties.

— Nous allons emporter cela? fit Geneviève.

— Je le prendrais s'il le fallait, répondit Marthe, mais ce n'est pas nécessaire. Un coup d'œil
à la cuisine, et puis allons-nous-en. J'aurais désiré
te faire voir le parc, et les communs, car j'ai de
grands projets pour ma basse-cour, mais nous
n'avons pas le temps.

La cuisine, très vaste, avait comme dépen-
dance une seconde cuisine, une buanderie, une
office et une salle de bain. Tout cela était dans
un grand état d'abandon. Les casseroles de cuivre,
alignées par rang de taille, dans des armoires
vitrées, avaient sans doute besoin du rétameur;
les blancs étaient noirs, les fers rouillés, mais
au total, après un grand nettoyage, tout cela serait
en état pour le service.

— Je reviendrai avec ma cuisinière, dit Marthe,
pour convenir avec elle des objets à apporter.

La visite était terminée et les deux amies
n'eurent que le temps de gagner rapidement la
gare dans la voiture qui les avait amenées.

CHAPITRE XV

Les peintres, les tapissiers se mirent à l'œuvre.
Marthe suivit assidûment les travaux de restaura-
rations qui grâce à son activité et à sa présence
furent terminés dans la première quinzaine de
mai. Il fut convenu qu'on partirait pour Vauglard
aussitôt après le grand prix. Quoique M. Chamblay ne fût pas un sportsman, il s'intéressait
pourtant aux choses du sport, et d'ailleurs c'eût
été manquer aux usages mondains que de déser-
ter avant le grand prix de Paris, ce coup de
cloche du départ. Il tombait cette année-là, par
bonheur, tout au commencement de juin, de sorte
que Marthe put partir sans commettre un crime
de lèse-élégance.

Les préparatifs étaient faits. Aidée de sa femme
de chambre, Marthe avait procédé elle-même à
l'emballage des objets que l'on emportait et de
ceux qui restaient. Elle ne s'en rapportait qu'à
elle-même du soin de mettre en ordre et de
préserver des avaries les meubles, les tableaux
et toutes les choses de valeur qu'elle possé-

dait. Les rideaux, les tentures, les tapisseries
furent enlevés, battus, brossés, après quoi on
passa sur les étoffes une éponge à peine imbibée
d'une eau légèrement phéniquée, le meilleur préservatif pour tous les lainages et les fourrures en
général. On en fit des paquets qui furent placés
dans de grands coffres.

Les tableaux furent enveloppés, comme les
bronzes, les pendules, les cuivres dorés, d'une
gaze argentine hermétiquement fermée. Pour les
lampes, le meilleur système est de les laisser
pleines en partant. Au retour on les vide; puis
on les remplit à nouveau d'huile fraîche et on re-
nouvelle les mèches avant de les allumer. Les
porcelaines, les saxes, les sèvres, furent serrés
par les mains de Marthe dans de vastes armoires.
Elle surveilla de même l'emballage des cristaux
et des porcelaines de table. Le tapissier avait
préalablement enlevé les tapis ainsi qu'il le faisait
chaque été. Après avoir fait un triage du linge
de maison et du linge de corps, Marthe avait noté
par écrit ce qu'elle laissait et ce qu'elle emportait.
On procéda avec le même soin au rangement de
la batterie de cuisine. Les cuivres, les blancs,
bien enveloppés, reprirent leurs places accoutu-
mées dans les armoires. Tout cela fait, on s'occupa
des malles, ce qui n'était pas une petite affaire.

Lorsqu'il s'agit de partir avec tout son personnel, pour plusieurs mois, une maîtresse de maison a fort à faire pour ne rien oublier. Le mieux est de sortir d'abord tout ce dont on a besoin ; on procède ensuite à l'emballage. C'est ce que fit Marthe.

Les préparatifs de Mme Chamblay mère furent promptement faits. Sa garde-robe se composait de deux costumes noirs qu'elle remplaçait au fur et à mesure lorsque l'un d'eux se défraîchissait.

Les colis remplirent un omnibus du chemin de fer. Par une belle matinée de juin toute la famille partit pour s'installer à Vauglard, Marthe s'y était rendue préalablement pour s'assurer que les meubles complémentaires étaient bien arrivés. Il fallut quelques jours pour mettre la maison en ordre.

Aussitôt que tout fut organisé, Marthe songea à faire dans le pays les visites obligatoires[1]. Il y avait dans le voisinage deux ou trois familles avec lesquelles M. Chamblay et sa mère avaient conservé des relations.

Accompagnée de sa belle-mère, Marthe alla

---

1. C'est à ceux qui arrivent qu'il appartient de faire les premières visites aux personnes qu'ils désirent fréquenter ; les cartes, en ce cas, ne suffiraient pas. (Voir *le Monde et ses Usages*, par Mme de Waddeville, p. 245.)

d'abord au presbytère. Elle fit sa visite au vénérable curé de la paroisse et lui exprima le désir de le voir souvent à Vauglard. Mme Chamblay joignit ses instances à celles de sa belle-fille et lui rappela que, quelques années plus tôt, il avait été l'hôte de la maison.

Ces dames continuèrent leur tournée et allèrent voir successivement les voisins qu'elles désiraient fréquenter.

L'écurie avait été aménagée par les soins de Raymond. Il est presque impossible d'habiter la campagne sans avoir une voiture à soi, lorsqu'on n'y veut pas mener une existence retirée. M. Chamblay avait fait l'acquisition d'un panier, d'un break, d'un coupé et de trois chevaux pouvant s'atteler.

Marthe mit à exécution le plan qu'elle avait conçu d'avoir une basse-cour et une laiterie. Dans toute maison de campagne bien tenue, ces éléments pratiques de la vie intime doivent exister dans une mesure plus ou moins large. Elle confia à Mme Baptiste et à sa fille la mission de diriger la basse-cour. Le succès dépend surtout des soins que l'on y donne.

Le petit bâtiment destiné à cet usage fut récrépi et remis à neuf; il était placé dans les communs, exposé au midi, avec prise d'air sur le

nord. Ce dernier détail a son importance en ce
sens que, pour pondre, les poules ont besoin de
n'avoir ni trop chaud ni trop froid. Il est aussi
reconnu qu'elles pondent davantage quand elles
sont rapprochées dans un petit espace. Marthe
fit disposer pour les couveuses des nids en van-
nerie, dans l'endroit le plus obscur, et dans le
poulailler, des perchoirs bien alignés. Elle recommanda à la jardinière de changer la paille tous
les jours afin que les œufs fussent toujours propres.

— Je me réserve de dénicher les œufs moi-
même, et je les veux d'une blancheur immaculée,
disait-elle.

A côté de l'écurie, où Raymond avait installé
ses trois percherons, il y avait place pour deux
vaches. Deux petites bretonnes toutes noires, que
Marthe surnomma Ivonne et Nora, vinrent habiter l'étable qui fut préparée pour elles.

— De la sorte, se disait la jeune maîtresse de
maison, je serai sûre de donner à mes invités de
bon café au lait et de bon beurre.

Marthe avait eu aussi la velléité d'établir un
colombier. Mais ayant appris que les pigeons
causent aux diverses cultures de grands dom-
mages, et que le maire a le droit d'ordonner la
fermeture des colombiers à certaines époques,
elle s'en abstint. Elle se dédommagea en faisant

11

peupler d'oies et de canards la mare qui se trouvait au bout de la basse-cour. Les dindons et les lapins vinrent compléter un ensemble très satisfaisant d'animaux domestiques.

— Si tu veux que je sois tout à fait heureuse, dit un jour Marthe à son mari, tu me permettras un âne et une charrette anglaise, que je conduirai moi-même. Ce sera très commode pour aller à la ville. Je pourrai même mener notre mère à la messe le dimanche, quand nous n'aurons personne.

Raymond avait souri et, trois jours après, charrette et âne faisaient leur entrée, l'un traînant l'autre, à Vauglard.

Il fallut procéder aux invitations, qui devaient se faire par séries. La première condition pour « le bien recevoir », c'est de grouper des personnes qui se connaissent et soient sympathiques entre elles[1]. On délibéra en famille et il fut décidé que l'on inviterait d'abord des parents de Raymond.

---

1. Si désireux que soient les hôtes de satisfaire les goûts de leurs visiteurs, ils ne peuvent, s'ils ont plusieurs invités, tenir compte des inclinations de chacun. Il ne serait pas poli, d'ailleurs, de changer d'habitudes pour un nouveau venu, lorsqu'il y a des invités arrivés avant lui.

Les invitations de cérémonie se formulent généralement ainsi : « M. et Mme *** prient M. et Mme *** de leur faire l'honneur de venir passer chez eux (ici le nom de la terre et du pays)

— Nous mettrons tes cousins dans la série de tante Cyprienne, avait dit Marthe, car nous voilà déjà à la mi-juillet et Geneviève sera libre à partir des premiers jours d'août. Hélène pourra venir en même temps que les vieilles demoiselles Émery ; la famille sera ainsi à peu près partagée en deux.

Cette première série serait donc presque exclusivement composée de personnes âgées, ce qui permettrait d'organiser des distractions tranquilles, en rapport avec le goût des invités. Les parents de Raymond étaient des filateurs de Rouen. M. Barville, après avoir réalisé une fortune honorable, s'était retiré des affaires en laissant sa maison à son fils Lucien. Celui-ci, âgé de vingt-huit ans, laborieux, sage, rangé,

---

une huitaine, une quinzaine de jours ou davantage, selon le désir des maîtres de la maison, à partir du...

« Réponse, S. V. P. »

Si l'invitation concerne particulièrement les chasses, on spécifie et l'on met alors : « M. et Mme *** prient M. et Mme *** de leur faire l'honneur d'assister aux chasses, qui auront lieu à . .»

Afin que les invités ne soient pas embarrassés sur le nombre et le genre de toilettes dont ils doivent se munir, on peut mettre au bas de la carte d'invitation : « On chassera », « on dansera », ou « on jouera la comédie ».

Il est bien entendu que l'on ne doit pas fixer la date du départ de ses invités. Il est toujours facile de se faire comprendre à demi-mot. C'est aux hôtes à être discrets lorsque les maîtres de la maison ont la politesse d'insister pour les garder.

dirigeait avec intelligence la filature de son père,
l'une des plus importantes du pays. Mme Barville
était cousine de M. Chamblay, lequel de son vivant
allait souvent à la chasse chez les cousins de
Rouen. Venus à Paris lors du mariage de Raymond, ils avaient pu apprécier tout d'abord le
caractère aimable de la jeune fiancée. Aussi
avaient-ils accepté très volontiers l'invitation
pressante qui leur avait été faite, de venir passer
quelque temps à Vauglard.

Malgré le désir de Lucien d'accompagner ses
parents, force lui était de rester à son poste. Son
père lui avait promis d'aller le remplacer vers la
fin du mois, et de lui permettre ainsi de passer
quelques jours chez les Chamblay d'où il ramène-
rait sa mère.

On donna à Mlles Cyprienne et Eudoxie Émery
les deux chambres de façade au bout du corridor
à gauche, afin qu'elles fussent à l'abri du bruit
et des allées et venues.

Hélène serait placée en face, du côté du bois.

Les deux autres chambres de façade furent
disposées pour M. et Mme Barville.

Marthe s'assura, le matin de l'arrivée de ses
hôtes, que rien ne manquait dans chacune des
pièces préparées. C'est un soin que toute bonne
maîtresse de maison doit prendre elle-même, car

il est telles maisons riches où, faute de surveillance, les chambres d'amis sont privées du confortable le plus élémentaire, où les draps sont
reprisés ou troués, et les sucriers vides.

On attela le break et la jeune châtelaine alla
au-devant d'Hélène et de ses tantes. Elles devaient
arriver les premières. Au coup de sifflet de la
locomotive, Marthe descendit sur le quai et arriva
à temps pour prendre, des bras de tante Cyprienne,
le petit panier qui contenait le roquet chéri de ces
demoiselles. Le visage des deux vieilles filles
exprimait la plus vive satisfaction. Pour la première fois, peut-être, la jeune femme les voyait
souriantes ; son bon cœur en fut touché et elle
s'applaudit de les avoir invitées.

Derrière elles, le frais minois d'Hélène parut
rose et animé à son ordinaire. La jeune fille sauta
au cou de Marthe et, quelques minutes après, les
bagages étant déchargés, on monta dans le break,
qui reprit prestement le chemin de Vauglard.
Mme Chamblay mère était déjà installée, son tricot
à la main, dans une vaste bergère, près de la
fenêtre, au salon, lorsque la voiture vint s'arrêter
devant la porte de la maison. Elle se leva aussitôt et alla au-devant de Mlle Émery, à qui elle
adressa quelques paroles de bienvenue.

Après un échange de compliments et de remer-

ciements, Marthe conduisit ses invitées à leurs
chambres. Ces demoiselles s'extasièrent : la vue
était splendide, la maison superbe, les chambres
ravissantes...

— Tu m'as changé mes tantes, dit en riant
Hélène, lorsqu'elle se trouva seule avec Marthe ;
elles sont contentes de tout... et aimables ! Il est
vrai que tout est charmant ici, dit la jeune fille
en jetant un coup d'œil sur le coquet ameublement de sa chambre, qui était une véritable bonbonnière. Cette cretonne est un chef-d'œuvre, et
tous ces petits meubles sont des bijoux ; tu as le
goût et le sentiment de l'harmonie des couleurs
en vrai peintre que tu es, ma chère.

— Ton élève, répondit Marthe, en faisant une
belle révérence en guise de remerciement.

Tout en devisant gaiement, les deux amies
déballaient la caisse d'Hélène, et rangeaient au
fur et à mesure le linge et les objets qu'elle contenait.

Rose, la femme de chambre de Marthe, avait
été mise par celle-ci à la disposition de Mlles Cyprienne et Eudoxie pour les servir. Des sonnettes
électriques existaient dans toute la maison ; au
chevet de chaque lit il y avait deux boutons :
l'un pour le valet de chambre, l'autre pour la
femme de chambre.

A midi moins un quart, le premier coup de
cloche du déjeuner retentit.

— Vite, je me sauve, dit Marthe en abandon-
nant le tiroir qu'elle rangeait ; il faut que je passe
l'inspection de la table ; à midi, tu entendras le
second coup du déjeuner : c'est le vrai. Nous
sommes très exacts pour les repas à cause de ma
belle-mère. Je vais prévenir ta tante.

Marthe frappa discrètement à la porte de l'aînée
des demoiselles Émery, qui vint lui ouvrir aussitôt.

— Pardon, tante Cyprienne — elle l'appelait
ainsi, ayant gardé son habitude d'autrefois — j'ai
oublié de vous prévenir des heures de repas :
midi et sept heures ; deux coups de cloche vous
avertiront. Le premier, un quart d'heure avant
l'heure du repas. Le matin on vous servira dans
votre chambre le petit déjeuner : café au lait,
chocolat ou thé, à votre choix. Vous donnerez vos
ordres à Rose comme vous l'entendrez. Je n'ai
pas besoin d'ajouter, tante Cyprienne, que je
désire que vous vous considériez ici comme chez
vous, avec l'entière liberté de vivre comme il
vous plaira. Raymond m'a chargée de vous prier
de l'excuser pour ce matin. Il ne déjeunera pas
avec nous. Ses affaires l'ont appelé à Paris de
bonne heure. Il reviendra ce soir.

La jeune femme descendit en courant pour voir si tout était prêt. Sans doute elle ne faisait pas de cérémonie pour ces pauvres filles, qui étaient habituées à la plus grande simplicité, mais elle était inflexible sur la bonne tenue de sa maison, et désirait que le service fût aussi soigné les jours ordinaires que les jours d'*extra*. Elle avait raison : il ne faut jamais laisser aux domestiques la moindre occasion de se relâcher ; la négligence engendre le désordre.

Il va sans dire que l'organisation de la maison de Vauglard, si confortable, si coquette qu'elle fût, ne ressemblait en rien à celle de l'hôtel de la rue Rembrandt. La vie champêtre entraîne un certain abandon, une sorte de rusticité, si l'on peut dire, qui s'accordent avec le confortable et même l'élégance, mais qui bannissent l'étiquette et les raffinements du luxe de la ville.

A moins d'avoir une fortune princière et d'habiter un château, lorsqu'on réunit du monde à la campagne, pour un temps, il faut s'efforcer de faire régner dans la maison une sorte de laisser-aller et ne point astreindre les invités aux règles cérémonieuses de la vie parisienne élégante. La liberté est la première condition d'une hospitalité bien entendue.

Il en est de même pour la toilette. Quoiqu'il

soit d'usage aujourd'hui, dans presque toutes les familles riches, de s'habiller pour le dîner — les hommes en habit noir et cravate blanche, les femmes en robe de soirée — il appartient aux maîtres de la maison de donner le ton et de régler les choses selon les hôtes qu'ils reçoivent.

Raymond et Marthe convinrent qu'ils conserveraient pour le dîner la même tenue que celle de l'après-midi, pendant le séjour des cousins de Rouen et des vieilles demoiselles Émery. Les Barville arrivèrent peu de temps après ces dernières. Ce fut pour Mme Chamblay mère une grande émotion. Mme Barville avait été l'amie de son heureux temps de jeune femme. Elle lui rappelait son mari, dont elle avait quelque peu les traits. M. Barville, d'humeur agréable et enjouée, plut tout de suite à Marthe, qui aimait les natures franches et gaies.

On organisa des promenades pour les invités qui aimaient les courses à pied. Les jours où Raymond restait à Vauglard, il s'en allait dès l'aube dans les bois, accompagné du cousin Barville. Dans les villages qu'ils traversaient, M. Chamblay s'arrêtait souvent chez les paysans, qu'il se plaisait à faire causer de leur famille, de leurs affaires et de leurs besoins. Son cœur généreux allait au-devant des misères qu'il devinait, et il n'était pas

rare qu'il laissât sa bourse là où il passait. Les
enfants errants et déguenillés attiraient particulièrement son attention.

— Qu'il est déplorable de voir tous ces petits
êtres dans cet état de malpropreté et d'abandon !
disait-il à son cousin, chemin faisant. On a
fait beaucoup pour les pauvres, mais vraiment
il y a encore bien à faire.

— Il n'y a donc pas d'école dans ce pays pour
ces enfants ? dit M. Barville.

— C'est ce que je me demande. Je vais m'occuper de cela. Je connais plusieurs personnes
dans les environs, que je prierai de me renseigner. On doit pouvoir améliorer le sort de ces
malheureux. Et de votre côté, cher ami, la misère est-elle grande aussi ?

— Non, le paysan est riche chez nous, celui
qui travaille, j'entends. On ne peut même plus
faire de différence entre le bien-être dont jouis-
sent certains paysans et celui des ouvriers aisés
de la ville. Si vous voyiez, mon cher Raymond,
certaines fillettes de nos campagnes, lorsqu'elles
vont à la messe, vous seriez étonné de leur luxe.

— Peu importerait, dit Raymond songeur, que
ces pauvres petits fussent pauvrement habillés,
si au moins ils étaient propres et couverts, et s'ils
avaient une école.

Cette idée germa dans l'esprit du jeune homme,
il en parla à Marthe en la priant d'inviter à dîner,
pour le dimanche suivant, le curé de la paroisse.

— Mieux que personne, M. le curé saura nous
renseigner, ajouta-t-il.

— Si nous invitions en même temps les Tachy ?
M. Tachy est un des grands propriétaires du
pays, il pourrait te seconder dans le bien que tu
veux faire.

— C'est entendu. Invite-les. Leur fille sera
une connaissance agréable pour Mlle Hélène. Et
qui sait ? elle deviendra peut-être une élève pour
elle.

— Tu penses à tout, dit Marthe, qui s'empressa
d'aller faire ses invitations séance tenante.

Les journées passaient à Vauglard douces et
paisibles, partagées entre la promenade, le travail, la lecture et la causerie. Tante Cyprienne
semblait décidément avoir désarmé.

Tante Eudoxie continuait à suivre l'impulsion
de sa sœur aînée.

Les deux vieilles demoiselles se montraient
d'ailleurs fort discrètes. Après le déjeuner elles
faisaient un tour de jardin et remontaient ensuite
dans leur chambre, où elles restaient jusqu'au
dîner. C'était, de leur part, une preuve de bonne
éducation ; car le savoir vivre exige — lorsqu'on

est invité dans une maison amie — que l'on
n'impose pas sa présence de façon à gêner les
maîtres de la maison. Le soir, il est entendu que
tout le monde se réunit au salon.

Après le dîner, M. Barville et Raymond faisaient généralement une partie de billard. Parfois même les dames se mêlaient aux joueurs —
les jeunes du moins. Hélène et Marthe, que ce jeu
amusait beaucoup, réussissaient à souhait leurs
carambolages, tandis que les deux cousines et les
demoiselles Émery faisaient cercle. Les soirées
étaient courtes, car, à cette époque de l'année,
il fait jour jusqu'à près de neuf heures. La table
de jeu était préparée dans un coin du salon.

M. et Mᵐᵉ Barville aimaient à faire leur partie
de cartes tous les soirs. Raymond s'était mis
à leur disposition pour faire un mort. Mˡˡᵉˢ Émery
adoraient le domino ; Hélène et Marthe se prê-
taient gracieusement au goût des vieilles demoiselles, tandis que Mᵐᵉ Chamblay mère achevait
près d'une lampe la tâche qu'elle s'était donnée.
Rien ne pouvait la détourner du travail qu'elle
faisait pour ses pauvres. Ce qu'elle avait confectionné de jupons, de capelines et de layettes
était incroyable.

Souvent, le dimanche, on recevait des visites
de voisins de campagne.

Un immense tilleul, sous lequel étaient placés une table et des sièges de jardin, marquait le lieu de réunion. On y prenait le café, et lorsque le temps n'était pas trop chaud on travaillait autour de la table rustique. Les visiteurs du dimanche arrivaient en voiture et trouvaient généralement Marthe et ses hôtes dans ce salon d'été. Constant avait des ordres. Il savait qu'aussitôt une visite arrivée il devait apporter des rafraîchissements. Il est d'usage, à la campagne, d'en agir ainsi sans consulter les gens. On offre des sirops, du vin d'Espagne, de l'orangeade, de la glace s'il est possible, des gâteaux et des fruits de la saison. Marthe avait soin de faire confectionner tous les samedis par sa cuisinière des friandises qu'elle offrait le dimanche, telles que massepains, madeleines, sablés, etc.

Ce dimanche-là on attendait le curé. Le dîner était particulièrement soigné. Un saumon avait été envoyé de Paris, accompagné d'une terrine de foies gras. Des canetons de Rouen, aux petits pois, un filet de bœuf jardinière, des pâtisseries et des glaces composaient le dîner. Le nombre des convives s'était accru de deux. M. Émery et Jacques Dornand s'étaient rencontrés à la gare et étaient venus surprendre leurs amis à l'heure du déjeuner. Marthe fit servir le café dans le jardin.

La journée était superbe ; malgré la chaleur, une
brise légère tempérait l'ardeur du soleil. Après
avoir donné une ou deux heures à la causerie, on
organisa une promenade. Marthe ne pouvait pas
en être : on savait qu'elle restait généralement
chez elle le dimanche et elle se fût fait un cas de
conscience de laisser venir les gens inutilement.
Raymond se chargea d'emmener ceux des invités qui aimaient à marcher.

Quelques voisins de campagne vinrent, ainsi
que Marthe l'avait prévu, lui rendre visite. Les
Tachy, bien qu'ils fussent du dîner, manquant
en cela de convenance, arrivèrent une heure avant
le repas. Fort heureusement Marthe était habillée.
Après le départ de ses visiteurs elle avait eu le
temps de monter à sa chambre et de changer sa
robe du matin contre une toilette, fort simple d'ailleurs, mais plus fraîche. Une polonaise de dentelle
écrue sur une jupe plissée, de foulard écru, moulait
sa taille gracieuse et svelte ; ses cheveux blonds
étaient simplement tordus et relevés sur le sommet de la tête par un peigne d'écaille blonde. De
longs gants de Suède montaient jusqu'aux manches demi-courtes. Elle avait eu soin de prévenir
la famille Tachy que le dîner aurait lieu sans
apparat et que l'habit était exclu.

Cette recommandation avait été fort goûtée

par M. Tachy, qui était une sorte de gentilhomme
campagnard. Mme et Mlle Tachy portaient des
toilettes simples, mais très soignées. Leurs manières étaient un peu provinciales. Quoique
Marthe ne les connût guère, elle se fit très aimable pour elles. Elle savait que son mari désirait
obtenir une action dans la chasse dont M. Tachy
était président. Elle voulait donc plaire.

Le charme de Marthe exerça, une fois de plus,
son prestige habituel ; et quand Raymond revint
de la promenade, il entendit de la bouche de son
voisin, en l'honneur de Mme Marthe Chamblay, un
dithyrambe qui chatouilla son amour-propre de
mari.

Le dîner fut très cordial. Avec une simplicité
qui mettait tout le monde à l'aise, le jeune ménage fit les honneurs de ce repas intime ; le curé
fut naturellement placé à la droite de Marthe
et M. Tachy à sa gauche, comme étant l'homme
le plus âgé de la société.

Raymond amena la conversation sur le sujet
qui l'intéressait et qu'il voulait approfondir :
l'état de misère de certains villages environnants. Il prit des notes sur tout ce qui lui fut dit
par le curé et par M. Tachy, qui, comme conseiller municipal, était également fort au courant
des besoins locaux. Rendez-vous fut pris au

presbytère pour la semaine suivante afin de
s'entendre sur les fonds à donner pour l'établissement d'écoles supplémentaires.

Après le dîner, on installa des tables de jeu ;
mais le curé réclama. Il avait aperçu le billard
et le piano, et il usa de son influence pour que
l'on fît une partie de billard et un peu de musique. Tout le monde s'empressa d'accéder au
désir exprimé par le curé — on sait qu'un ecclé-
siastique a toujours la prééminence sur les
autres invités, et que c'est à lui que reviennent
tous les honneurs de la réunion. Cet arrangement eut la secrète approbation des jeunes gens
présents qui n'aimaient guère les cartes.

On passa dans la salle de billard et l'on organisa une poule. Les plus forts se mirent avec les
plus faibles. Jacques Dornand, que l'esprit d'Hélène avait fort amusé pendant le dîner, se chargea
de diriger les premiers essais de la jeune fille.
Marthe ne put s'empêcher de sourire en voyant
l'ami Jacques si occupé d'Hélène. Elle pensa :

— Quel dommage que Jacqueline ne soit pas
là ! comme cela lui montrerait le peu de cas qu'il
faut faire de la sincérité des sentiments de tels
hommes !

On joua jusqu'à la nuit, puis on revint au
salon. Sur les instances de ses hôtes, Marthe

s'exécuta de bonne grâce et se mit au piano. Jugeant que la musique sérieuse était de circonstance, elle joua l'admirable andante de la sonate dite *du clair de lune*, de Beethoven.

Sans être une exécutante de premier ordre, Marthe possédait le style de la musique des grands maîtres, qu'elle interprétait d'une façon simple et poétique.

Elle avait fait acte d'une bonne maîtresse de maison en jouant la première ; elle fit preuve de tact en ne restant pas longtemps au piano, et en priant Mlle Tachy, qu'elle savait bonne musicienne, de vouloir bien prendre sa place. Celle-ci, sans se faire prier, exécuta avec *brio* un morceau très difficile, qui étonna plus qu'il ne charma l'auditoire.

— Je voudrais bien avoir vos doigts, dit Marthe gracieusement.

— Pas moi, dit Hélène, tout bas, à Jacques Dornand assis auprès d'elle ; et vous ?

— Moi, je suis encore sous le charme du *Clair de lune*.

La soirée se termina par un whist auquel prirent part M. et Mme Barville, M. Tachy et M. Émery, et par une causerie entre les autres invités. Constant apporta le thé à onze heures. Les deux jeunes filles furent chargées du soin de

le servir. A minuit on se sépara., M. Tachy reconduisit M. le curé dans sa voiture. Deux chambres avaient été préparées pour MM. Émery et
Jacques Dornand, qui devaient passer quelque
temps à Vauglard.

Les jours suivants on fit de nouvelles promenades; il s'agissait de faire voir les environs
à M. Émery et à Jacques Dornand.

M. Tachy ayant promis à Raymond une partie
de chasse dans la forêt de Montargis, ils convinrent de se retrouver à Vauglard, en septembre, pour l'ouverture.

CHAPITRE XVI

LES INVITATIONS.

Dès les premiers jours d'août, la seconde série d'invités vint s'installer à Vauglard.

Cette fois, c'étaient des magistrats, des savants, amis ou parents éloignés de Raymond. Pourtant une des anciennes invitées, la cousine Barville, était restée. Hélène avait cédé la place à sa sœur Geneviève. Les maîtres de la maison, en réunissant des personnes sérieuses au mois d'août, comptaient réserver pour le moment des chasses les jeunes amies mondaines que les plaisirs du sport attirent. Raymond avait insisté pour que Marthe invitât M. Delaze.

— Tu y tiens beaucoup? lui avait demandé Marthe, un peu étonnée; je ne croyais pas que Germaine te fût sympathique.

— Et tu ne te trompes pas, ma chérie, avait répondu Raymond; mais j'ai des raisons particulières, des raisons d'affaires qui m'obligent à recevoir M. Delaze.

Marthe n'avait pas répliqué et l'invitation était envoyée le jour même.

M. et Mme Delaze ne se firent pas prier ; Germaine arriva accompagnée de quatorze colis. Elle tenait à éclipser toutes les autres femmes. Geneviève, qui assistait avec Marthe au déballage de toutes les caisses, ne put s'empêcher de rire.

— Que va-t-elle dire de mon unique robe de soie noire? dit-elle à son amie. Te rappelles-tu le temps où elle s'était engouée de moi et où tu étais si jalouse d'elle ?

— Oui, dit Marthe à voix basse, c'est mon premier chagrin d'enfant; je ne l'ai jamais oublié.

— Pauvre amie ! comme je me suis reproché de t'avoir fait cette peine, pour quelqu'un qui le méritait si peu !

Mme Delaze avait amené sa femme de chambre; Marthe eut soin de la loger près de sa maîtresse, sachant quelle place elle tenait dans la vie de Germaine.

En dépit de leur désir de maintenir la règle de simplicité qu'ils s'étaient imposée pour la toilette, pendant leur séjour à la campagne, M. et Mme Chamblay furent forcés de modifier leurs habitudes. Mme Delaze, et deux ou trois autres dames de la société, changeaient de costumes plusieurs fois par jour. Sans les suivre dans leurs tournois d'élégance, Marthe fut pourtant con-

trainte de s'habiller davantage. Pour le soir, le
frac fut adopté par les hommes.

Malgré les résistances de Geneviève, qui voulait
garder son costume de soie noire, Marthe obtint
d'elle qu'elle portât une fort jolie toilette blanche
qu'elle lui avait fait venir de Paris.

— J'obéis pour te faire plaisir, disait Geneviève en riant, car, je te le demande, en quoi
cela peut-il intéresser tous ces gens que je sois en
blanc ou en noir ? Une institutrice est si peu de
chose ! c'est à peine si Germaine me regarde ; es-
tu assez vengée ?

Mais Marthe avait son idée et voulait faire va-
loir la beauté de son amie. Lucien Barville venait
d'arriver. Il devait rester une quinzaine de jours
et ramener ensuite sa mère à Rouen. D'après
ce qu'elle savait du caractère de ce jeune homme,
Marthe jugeait qu'il ferait un bon mari pour
Geneviève ; et, sans en parler à personne, elle
faisait naître des occasions de rencontre entre
les deux jeunes gens.

Ces occasions naissaient d'elles-mêmes par
suite des occupations que Marthe s'était créées.

Raymond, avec l'aide de deux ou trois grands
propriétaires du pays, venait de réaliser son
projet d'ouvrir des écoles pour les petits vaga-
bonds. Marthe s'était chargée de la partie ma-

térielle de l'œuvre. Elle avait pris pour tâche
de visiter les familles nécessiteuses, de pour-
voir à leurs besoins les plus urgents, de les
soigner et de les consoler dans leur détresse.
Chaque matin, après avoir donné ses ordres pour
la journée, elle partait dans sa charrette anglaise
et faisait sa tournée. Depuis que Geneviève était
là, elle l'accompagnait presque toujours. Bien
que ces sorties de charité fussent tenues secrètes,
les deux jeunes femmes avaient rencontré parfois
sur leur chemin M. Lucien Barville, qui était un
infatigable promeneur. Le jeune homme s'était
d'abord contenté de les saluer respectueusement.
Puis il s'était enhardi à leur parler et à leur offrir
ses services ; sa bourse était toujours ouverte aux
malheureux. Il avait sollicité la faveur de parti-
ciper aux bonnes œuvres de Mme Chamblay ;
celle-ci avait accepté son concours, et depuis
lors, c'était à trois qu'ils faisaient, aux pauvres,
leurs visites quotidiennes.

L'heure du déjeuner réunissait tous les hôtes
de Vauglard. Marthe et Geneviève arrivaient à
temps pour changer de costume, et la jeune maîtresse de maison avait fait la remarque qu'il
n'était plus nécessaire de forcer Geneviève à soigner sa toilette.

Ce roman si pur, né sous les auspices de la

bienfaisance, passait inaperçu pour les hôtes de
Vauglard, tous plus ou moins occupés d'eux-
mêmes.

Lucien Barville était un modeste ; il parlait
peu, et, quoique fort intelligent, il fallait une circonstance exceptionnelle pour qu'il se mît en
évidence. Il était d'ailleurs trop respectueux des
convenances pour compromettre une jeune fille,
et nul ne se fût douté, en le voyant si réservé
près de Geneviève, que depuis quelques jours
déjà il avait l'idée arrêtée de la demander en
mariage.

Les réunions du soir se passaient en causeries
entrecoupées par la musique, par la poésie. Un des
amis de Raymond, savant des plus distingués,
avait un talent particulier pour la déclamation ;
M. Lamarre récitait à merveille les vers, et lisait
à haute voix, d'une façon charmante, des scènes
de comédies. On le mettait souvent à contribution. C'était un plaisir qu'on procurait à la fois à
lui et à toute la société. La partie musicale était
confiée d'abord à Marthe, qui se tenait toujours à
la disposition de tout le monde comme accompagnatrice ou comme exécutante ; puis, à Mme Delaze, qui possédait une belle voix et aimait à se
faire entendre.

Quant aux heures de la journée, elles passaient

pour chacun de différentes manières. Aucune
gêne, aucune contrainte pour personne dans cette
maison, dont l'hospitalité était aussi cordiale
qu'intelligente. Après le déjeuner, le tilleul abri-
tait généralement toute la société. On s'y arrêtait pendant quelques instants : les femmes avec
leurs tapisseries à la main ; les hommes causant
ou fumant. On formait des projets pour la journée ; puis les uns partaient en promenade, les
autres préféraient rester dans le parc ; d'autres
encore montaient à leur chambre pour lire ou
faire leur correspondance. Chacun sentait la nécessité de laisser aux maîtres de la maison quelques heures de loisir et de liberté.

Les invités partirent les uns après les autres
vers la fin du mois d'août. Mme Barville fut une
des dernières à quitter Vauglard. Avant son départ, elle eut une longue et sérieuse conversation
avec Marthe. On devine aisément quel en fut le
sujet. Elle tenait à savoir de la bouche de la jeune
femme tous les détails concernant Geneviève
Émery. Le cas qu'elle faisait du caractère de
Marthe devait être d'un grand poids dans cette
circonstance, qui la troublait fort et qui devait décider du bonheur de son fils bien-aimé.
Le peu de fortune de Mlle Émery n'était point un
obstacle : toutes les propositions de mariage que

l'on avait faites jusqu'alors à Lucien ayant été repoussées par lui, elle ne songeait pas un instant à mettre une entrave à son inclination. Il fut donc convenu qu'avant de faire une demande officielle on consulterait M. Barville et que celui-ci se chargerait des démarches définitives.

Dans ces conditions, Marthe pria Lucien de ne rien dire de précis à Geneviève ; elle comprenait assez que le consentement de son amie était certain, et elle ne voulait pas l'exposer à une trop grande déception en cas de refus de M. Barville père.

Après le départ des derniers hôtes, on eut à peine quelques jours pour remettre la maison en ordre et la préparer pour les nouveaux invités. La série de septembre se composait des amis chasseurs, des mondaines, des sportsmen et sportswomen, amis et amies du jeune ménage. Parmi eux se trouvaient M. et Mme de Moissart; M. et Mme d'Arlac; Jacques Dornand ; M. Émery; Juliette Lefort et son mari, et quelques correspondants d'affaires de Raymond, avec leurs femmes. Cette fois, la maison de Vauglard réunissait une société des plus joyeuses, aimant le bruit, le mouvement, la danse, enfin la vie de château dans tout son éclat.

Marthe se multiplia pour satisfaire ses invités.

Dès la veille de l'ouverture, elle fit préparer par
sa cuisinière, à qui elle avait adjoint une aide,
toutes les victuailles destinées aux chasseurs.
Plusieurs d'entre eux ayant manifesté le désir de
ne pas rentrer déjeuner, la jeune femme devait
envoyer un repas complet dans un endroit choisi
d'avance par Raymond. Une collation composée
de café, de chocolat, de thé et de la traditionnelle
soupe à l'oignon si aimée des chasseurs, serait
en outre servie, le matin, avant le départ.

Jacqueline de Moissart avait déclaré qu'elle
voulait suivre la chasse; Jeanne d'Arlac également; toutes deux avaient apporté de Paris un
délicieux costume court avec jambières, chapeau
tyrolien, plaid écossais, enfin la dernière mode de
l'Opéra-Comique. Elles n'oubliaient même pas un
joli petit carnier neuf destiné à revenir bredouille.
Ces dames déjeuneraient en plaine, ainsi qu'il
convenait à leur rôle de Diane chasseresse.

Un double déjeuner, présidé par Marthe, serait
servi à la maison pour les gens tranquilles.

Les chambres d'amis se trouvaient toutes occupées, et l'on voyait le long des corridors passer
des femmes de chambre avec les lingeries, les
dentelles, les rubans, préparés pour la toilette de
leurs maîtresses. Au dîner du jour de l'ouverture,
la conversation se maintint sur les exploits

cynégétiques des chasseurs. Les perdreaux, les lièvres, les cailles en firent tous les frais. Les deux jeunes femmes, qui avaient remplacé leur costume écossais par une robe de bal, ne tarissaient pas sur les événements de la journée et sur le gibier qu'elles avaient manqué.

Bien que les récits fantastiques des retours de chasse ne soient pas très intéressants, il est bien difficile de s'en abstenir le jour de l'ouverture. Non seulement Marthe les écoutait avec bonne grâce, mais encore elle questionnait ses invités sur les faits du jour.

Le butin se partagea le soir même. Ainsi qu'il est d'usage, M. et Mᵐᵉ Chamblay firent faire des bourriches pour chacun des invités ; on les expédia aux adresses désignées par ceux-ci. Une bourriche fut également envoyée au curé.

Afin de plaire aux jeunes femmes présentes, on dansa le soir ; certains chasseurs se seraient passés de ce plaisir, mais, lorsqu'on est réuni, il faut bien suivre le mouvement.

Marthe remplit, comme toujours, son devoir de maîtresse de maison et se mit au piano pour faire danser. Une des dames invitées la suppléa de temps en temps. Raymond et Jacques Dornand, qui ne s'étaient guère reposés depuis le matin, auraient bien préféré leur lit à la valse ; mais

Raymond était chez lui, et Jacques Dornand n'aurait pas osé faire défection par crainte des quolibets de Mmes de Moissart et d'Arlac.

La *flirtation* entre Mme de Moissart et Jacques Dornand commençait à s'user. Le jeune sculpteur, dont la vogue allait croissant, était tellement recherché, tellement adulé par toutes les jeunes mondaines, qu'il ne savait plus à qui entendre. La verve de Jacqueline l'avait amusé pendant un temps, mais il avait l'esprit trop distingué pour s'intéresser sérieusement à une personne aussi frivole que l'était Mme de Moissart.

Devant l'indifférence du jeune homme, la fierté de Jacqueline s'était réveillée. Ce roman, qui menaçait de devenir sentimental, s'était arrêté dès les premiers chapitres.

Mme de Moissart, un instant troublée, avait repris sa gaieté et sa verve ordinaires. Il y avait toujours entre elle et Jacques des escarmouches où l'esprit seul semblait être engagé.

D'autre part, les conseils de Marthe paraissaient avoir porté leurs fruits. Sans avoir vu grandir outre mesure son affection maternelle, la jeune vicomtesse s'occupait un peu plus de son fils Hubert.

— C'est un miracle, disait-elle en riant; je crois vraiment que je commence à l'aimer, et il n'a pas cinq ans; mais il est si mignon avec ses cheveux blonds et ses grands yeux noirs !

Elle avait aussi continué de visiter la famille Blanc; cette tâche que Marthe lui avait pour ainsi dire imposée, loin de lui déplaire, lui était un but, une chose en dehors de ses habitudes et qui par cela même avait pour elle une sorte de charme. Elle avait ses pauvres; elle achetait des robes; elle jouait à la poupée avec les enfants de Mme Blanc, qui, d'ailleurs, lui témoignaient une telle adoration, qu'elle ne pouvait s'empêcher d'en être touchée.

La chasse était pour elle une occasion de se singulariser; elle ne la laissait pas échapper, mais elle savait mieux manier l'éventail que le fusil. Quant à Marthe, qui s'oubliait toujours pour penser aux autres, ainsi que doit le faire toute bonne maîtresse de maison, sa préoccupation était d'assurer le bien-être et le plaisir de ses invités. Les chasseurs avaient tous trouvé dans leurs chambres, au retour, le bain de pieds chaud qui délasse et tout le confort qui leur était nécessaire. Elle avait soin de faire revêtir à son mari une chemise de flanelle et des vêtements de laine, quelque chaude que pût être la température. Cette précaution est le meilleur préservatif contre les refroidissements. Elle ne négligeait pas non plus de munir les poches de son vêtement de deux gourdes d'eau-de-vie et de café, ainsi que d'une petite pharmacie portative.

Marthe ayant pris ces soins hygiéniques, surveillait, sans que l'on s'aperçût de son absence, les derniers apprêts du dîner ; puis, après avoir présidé avec le tact parfait qui la caractérisait, le repas, elle sacrifiait sa soirée au plaisir de ses amies en les faisant danser.

Elle était infatigable dans son désir d'amuser ses hôtes. Elle avait pour règle, ainsi que son mari, de laisser à ceux-ci le soin de fixer l'heure de la retraite. C'est aux invités de donner le signal du départ. Le bon goût et le tact décident de l'heure à laquelle on doit se séparer. Aussi, le jour de l'ouverture, le bal ne se prolongea pas au-delà de minuit. Ce furent, les jours suivants, des parties, des promenades, des chasses sans trêve ni merci. Puis, le temps se gâta ; certaines jeunes femmes imaginèrent des plaisirs plus sédentaires ; on parla de jouer la comédie, Jacqueline et Jeanne d'Arlac s'enthousiasmèrent pour cette idée. Le choix des pièces de comédie fut discuté avec la gravité d'une chose importante. On finit par se décider pour le théâtre de Musset. *Un Caprice*, quoique étant bien connu, est un chef-d'œuvre toujours agréable à entendre. *L'Étin-*

celle, de Pailleron, devait terminer le spectacle.
Dans cette dernière pièce les deux rôles de femme
furent distribués à Jeanne d'Arlac et à Jacqueline de Moissart. Celle-ci comptait sur sa mémoire pour imiter les franches allures de
Mlle Samary à la Comédie française, tandis que
Mme d'Arlac se taillait un succès de beauté dans
le rôle d'Antoinette.

Les répétitions intéressèrent infiniment les jeunes femmes; on sait que c'est là le grand attrait
de ces comédies de salon.

Marthe s'excusa de ne point prendre une part
active à ces représentations. Il fallait qu'elle fût à
tout le monde et qu'elle s'occupât de la partie
matérielle des fêtes. Avec des paravents elle
monta la « scène » dans le grand salon ; des
meubles, des arbustes, des fleurs achevèrent de
figurer les décors nécessaires. Cette fantaisie
dura quelques jours, puis on imagina de faire des
tableaux vivants. Jacques Dornand fut mis à
contribution pour déterminer les poses et draper
les gens. Après ces tableaux vivants qui eurent
un grand succès, on se remit à la danse, puis vinrent les charades en action. Et tout cela n'empê-
chait pas les chasses et les promenades en voiture et les déjeuners en forêt ; enfin, tous les
plaisirs de la vie élégante à la campagne.

Si heureuse que fût Marthe d'offrir à ses amies cette joyeuse hospitalité, si contente qu'elle fût de prendre part à toutes ces distractions, elle ne laissait pas que de se sentir un peu lasse, et elle avait hâte de revenir à l'intimité et au calme qu'elle aimait. Cela ne tarda pas. En octobre elle se retrouva seule avec son mari et sa belle-mère, et, sauf quelques visites amies qu'ils reçurent dans le courant du mois, ils purent se reposer de leurs fatigues précédentes.

CHAPITRE XVII

Dans les premiers jours de novembre la famille Chamblay rentra à Paris. Marthe avait au préalable envoyé le domestique et la femme de chambre pour nettoyer à fond la maison; elle avait été elle-même plusieurs fois visiter l'hôtel et l'inspecter en détail. Les tapis furent remis, les tentures reposées, les tableaux sortis de leurs gaines. Ces objets d'art remis en place, et lorsque tout fut prêt, Marthe permit à son mari et à sa belle-mère de réintégrer le domicile de Paris.

Petit à petit on reprit les habitudes de la ville; c'est à ceux qui rentrent de faire les visites d'arrivée, car il serait indiscret de se présenter chez des personnes qui se sont absentées et qui ne vous ont pas fait savoir leur retour.

Marthe commença sa tournée de visites. Puis elle envoya ses cartes de *jour* pour indiquer qu'elle gardait le samedi comme l'année précédente.

Au mois de décembre Paris commence à s'animer: c'est le moment des dîners, des réunions de

13

famille. Les relations très étendues du jeune ménage les obligeaient à beaucoup de réceptions. Ils préféraient donner des dîners fréquents, avec un plus petit nombre de convives, et ne recevaient guère que dix personnes à la fois. En fait de politesse on ne va jamais trop loin. Marthe n'était pas de celles qui disent qu'il ne faut pas inviter telle ou telle personne, parce que l'on sait qu'elle a un autre engagement. Elle faisait ses invitations lors même qu'elle craignait d'être refusée, sachant d'ailleurs qu'on peut parfois se dégager et donner la préférence à qui l'on veut.

Le mois de décembre allait finir; on convint de faire un arbre de Noël pour les jeunes filles de la connaissance de Marthe. Ce genre de réunion, ayant un caractère moins intime qu'un dîner, Marthe était tenue d'inviter toutes les personnes avec lesquelles elle était en relation d'amitié, et pourtant elle ne se faisait pas d'illusion.

Ce jour de fête appartient à la famille, et en dehors des jeunes amies qui lui avaient demandé de les recevoir, elle savait qu'elle n'aurait pas beaucoup de monde.

Le programme de la fête était celui-ci : on se réunirait à l'hôtel Rembrandt à dix heures ; on procéderait à la distribution des cadeaux, puis, on irait ensemble entendre la messe de minuit, après quoi on rentrerait pour réveillonner.

Pour cette fête du réveillon, qui doit avoir un caractère de recueillement, une toilette simple est de bon goût. Les invitations aussi se font simplement ; les cartes étaient libellées ainsi :

Monsieur et Madame Chamblay attendront Monsieur et Madame *** pour faire réveillon.

Il y aura un arbre de Noël à dix heures.

Au retour de la messe de minuit on trouverait le couvert mis dans la salle à manger.

Dans ces sortes de souper, tous les plats se servent ensemble sur la table, dressée comme pour un déjeuner froid. Les mets traditionnels et obligatoires de tout réveillon consistent principalement en charcuterie, hors-d'œuvre, poisson et pâtisseries.

Un usage ancien veut qu'au milieu de la table

soit servie une soupière contenant de la bouillie
à la vanille, qu'on mange d'abord avec des ma-
carons ou des gaufres. Autour de cette soupière
sont placés, sur des réchauds à esprit-de-vin, les
hors-d'œuvre tels que boudins blancs et noirs,
pieds de porc truffés, chaudfroid, jambon, ho-
mards en mayonnaise, salades russes ou japo-
naises; le tout entremêlé d'assiettes de dessert,
chargées de bonbons, de sucreries, de friandises
de tous genres.

Ce fut un véritable plaisir pour Marthe de
préparer tous les petits présents qu'elle destinait
à ses amies. Elle avait adroitement sondé leur
goût afin de tomber juste. Les étrennes se donnant, depuis quelques années, plutôt à l'époque
de Noël qu'au jour de l'an, elle voulait profiter de
la circonstance pour offrir un souvenir à chacun.
Mme Chamblay mère l'aida dans ses préparatifs.
La part des pauvres ne fut pas oubliée. Des
jouets, des livres, des bonbons, furent préparés
pour être distribués aux enfants des familles
qu'on secourait, avec le linge, les vêtements et
dons d'argent. Marthe pensait qu'en ce jour de
fête chrétienne, il fallait donner un peu de
superflu à ces pauvres petits déshérités.

La soirée se passa telle qu'elle avait été annoncée; le programme fut suivi à la lettre; des ré-

ponses ayant déterminé presque exactement le nombre des invités, Mme Chamblay s'arrangea de façon à ce que chacun eût un présent d'une importance plus ou moins grande. Les amies intimes furent favorisées, mais les simples connaissances trouvèrent également un objet de goût à leur adresse.

On sait que cette distribution se fait à la façon d'une loterie, chaque invité ayant un numéro correspondant au lot qui doit lui échoir. C'est généralement la maîtresse de la maison qui se charge d'appeler les numéros, tandis qu'une amie détache de l'arbre le cadeau destiné à la personne désignée. Ceci fait, à la satisfaction générale, on partit pour assister à la messe de minuit et on revint pour le réveillon, qui se prolongea jusqu'à trois heures du matin.

Dans le courant de la même semaine, Marthe reçut beaucoup de fleurs et de bonbons [1].

1. Depuis quelques années, dans le monde élégant, ces envois se font dans les derniers jours de décembre, et non plus, comme autrefois, le premier jour de l'an même. Ils sont accompagnés des cartes de visite des donateurs qui ne se présentent que le premier ou les premiers jours de l'année, selon leur degré d'intimité dans la maison. Il est bien entendu qu'il s'agit des célibataires. Pour les hommes mariés il y a échange de politesses, de ménage à ménage.

Quoique les cartes de visite tendent à disparaître, elles se maintiennent pourtant. Ainsi que le disait très spirituellement la comtesse de B..., « les cartes de visite sont une admirable

Pour ses visites du nouvel an, elle se conforma
aux usages reçus[1].

Marthe avait une joie d'enfant à parer son
salon pendant ces jours de fête ; elle disposait
avec goût tous les objets d'étrennes qu'elle recevait. Les bouquets mettaient leur note gaie au
milieu des plantes vertes de l'appartement ; de
nouvelles coupes, des cristaux, des faïences, remplis de bonbons, étaient placés çà et là, et le thé
de cinq heures s'augmentait de toutes ces élégances.

A la fin du mois de janvier un événement prévu
occupa la vie de Marthe. Les cousins de Raymond
vinrent s'installer près du jeune ménage. La demande officielle ayant été faite, l'union de Gene-

invention de ce siècle. Elles épargnent le temps et souvent de
grands ennuis, car il faut quelquefois se rappeler à des gens,
par bienséance, et lorsqu'on vit dans le monde il faut en porter
le joug. Cette vieille habitude a en outre son bon côté ; elle
témoigne du souvenir que l'on garde à la personne à qui on
s'adresse. A ceux qui diraient qu'une carte de visite est banale
et qu'une visite vaudrait mieux, on pourrait répondre que souvent on ne ferait pas cette visite à des connaissances éloignées,
tandis que la carte est une attention à laquelle on est sensible. »

1. La mode américaine a prévalu chez nous depuis quelques
années, les femmes ne font plus de visites, le 1er janvier, lorsqu'elles n'ont pas de grands-parents à aller voir, elles reçoivent leurs amis. On a tout le mois de janvier pour remplir
ses devoirs mondains. On commence nécessairement par les
parents, les personnes âgées, les amis intimes et l'on termine
par les indifférents et les simples relations.

viève Émery avec Lucien de Barville était chose décidée. Le mariage de cette amie, qui était presque une sœur pour Mme Chamblay, fut l'occasion de quelques réceptions à l'hôtel Rembrandt et d'agitations quotidiennes pour la jeune femme.

Mme Émery, assez souffrante en ce moment, chargea Marthe de la suppléer et d'accompagner Geneviève dans les courses relatives à l'achat du trousseau. Les choses devaient se faire simplement; Geneviève n'avait pas de dot, mais sa mère tenait à ce que son trousseau fût très convenable[1].

1. Il se composait de :
Six douzaines de chemises de jour, dont trois brodées et trois garnies de valenciennes.
Trois douzaines de chemises de nuit garnies de dentelle.
Trois douzaines de pantalons festonnés.
Une douzaine de jupons courts et six jupons de mousseline à volants, pour les robes à traîne.
Trois douzaines de paires de bas blancs et deux douzaines de paires de bas fantaisie et une douzaine de paires de bas de soie.
Six douzaines de mouchoirs de batiste chiffrés et une douzaine de mouchoirs brodés.
Un assortiment de filets et de coquets bonnets pour la nuit et le matin; un choix varié de cols et de manchettes en toile, de lingerie, de cache-corsets, ruches et dentelles pour garnitures de corsage, etc.
Quant au linge de maison, Geneviève était dispensée d'en apporter à son mari qui, comme tous les habitants de la province, en était abondamment approvisionné.
Les anciennes toilettes de Geneviève adroitement rajeunies, une toilette de faille noire neuve et deux robes de lainage composaient sa garde-robe de jeune fille. On y ajouta deux sauts-

Dès les premiers jours, M. Barville avait offert à Geneviève une bague de fiançailles et de magnifiques bouquet sblancs.

Marthe Chamblay se chargea de la toilette de la mariée : une robe de velours épinglé tout unie, à traîne, et un long voile de tulle illusion retenu par des bouquets de fleurs d'oranger, composaient un costume à la fois simple et élégant.

Le repas de fiançailles s'était donné, dans l'intimité, chez Mme Émery. Les Barville étaient des gens très sérieux et Geneviève ne tenant nullement aux choses d'apparat, il avait été convenu qu'il n'y aurait pas de fête. Après la cérémonie du mariage, Lucien emmènerait sa femme à Rouen.

Marthe aurait désiré que la signature du contrat eût lieu chez elle, mais Raymond l'en dissuada.

— La chose n'est pas possible, dit-il à sa femme ; si liés qu'on soit avec une famille, on ne peut en usurper les droits. Et d'ailleurs, n'avons-

de-lit en flanelle, une robe de chambre de cachemire et une de foulard. La corbeille offerte par Lucien contenait d'abord plusieurs robes en pièces, de riches étoffes, des fourrures, des dentelles, des bijoux, parmi lesquels il y avait une très jolie montre à son chiffre, des boutons en diamant et deux parures de fantaisie ; le tout était renfermé dans une jolie table à ouvrage en noyer sculpté.

nous pas assez de réceptions auxquelles nous sommes tenus?

Ce langage était tellement en contradiction avec le caractère de son mari, que Marthe le regarda avec étonnement.

— Tu n'es pas souffrant, chéri? lui dit-elle.

— Pas le moins du monde, répondit le jeune homme; ma santé n'a rien à faire avec le contrat de mariage de Lucien.

Il y eut beaucoup de monde à la messe; Hélène était la demoiselle d'honneur de sa sœur; et son visage épanoui disait clairement combien elle était heureuse du mariage de Geneviève.

—Tu vois bien, dit-elle en riant à Marthe, le jour de la cérémonie, que ma prédiction s'est accomplie: Juliette et Geneviève sont mariées, et moi je reste pour coiffer sainte Catherine et fermer les yeux à tante Cyprienne.

— Tu auras ton tour, répondit Marthe.

— Ah! je n'y tiens pas; je suis née vieille fille.

CHAPITRE XVIII

DÉSASTRE FINANCIER.

Depuis quelque temps M. Chamblay avait des tristesses sans cause apparente. Son humeur, autrefois si égale, s'altérait. Il était parfois irritable et, malgré tous ses efforts, une sorte de contrainte se lisait sur son visage fatigué. Aux questions que lui adressait sa femme sur sa préoccupation visible, il répondait par des fins de non-recevoir. Mais la tendre sollicitude de Marthe ne se payait pas de mots. Habituée à vivre avec son mari dans une communauté d'idées complète, elle était arrivée à lire dans son cœur comme dans un livre ouvert. Aussi comprenait-elle que pour la première fois il ne lui disait pas toute sa pensée.

Avec le tact fin et délicat des femmes qui aiment, elle devinait un secret dans l'attitude de Raymond. Si ce secret, comme elle en avait le pressentiment, provenait de soucis d'affaires, pourquoi ne lui en parlait-il pas? N'avait-elle pas le droit de partager ses tourments comme elle partageait ses joies? — Après avoir usé vainement de tous ses moyens de persuasion pour connaître la vérité, elle renonça à questionner son mari. Prudente autant qu'avisée, elle ne voulait point forcer une confiance qui se dérobait.

— Ma tendresse viendra bien à bout de son silence ! se dit-elle.

A partir du jour où le soupçon avait pénétré dans l'âme de la jeune femme, son amour se doubla d'une affection pour ainsi dire maternelle. Épiant sur le visage de son mari les dispositions de son esprit, elle se faisait tour à tour gaie, tendre ou triste pour lui plaire. S'apercevait-il des efforts de Marthe, de sa peine, de son inquiétude ? Elle l'espérait, car la tendresse de Raymond semblait s'augmenter du sacrifice qu'il ne voulait pas lui faire. Entre ces deux êtres qui s'aimaient si profondément s'élevait une barrière que la volonté de l'un d'eux rendait infranchissable. L'intimité si complète des premières années n'existait plus qu'en apparence. Une invisible fissure menaçait de briser le bonheur de ces époux jadis si unis.

Ces deux existences ne se confondaient plus ; elles devenaient parallèles. Marthe en souffrait cruellement, mais elle se retranchait dans sa fierté.

Cet état de choses durait déjà depuis un assez

long temps, et la jeune femme commençait à désespérer de vaincre une résistance si opiniâtre. La maison marchait pourtant, comme par le passé, sur un pied d'extrême élégance ; les dépenses, si grandes qu'elles fussent, étaient réglées, et Marthe ne dépassait jamais le budget qui lui avait été assigné.

Raymond ne lui faisant aucune observation à ce sujet, elle se demandait parfois si le chagrin qui le rongeait n'était pas d'une autre nature que celui qu'elle avait d'abord imaginé. Mais cette pensée ne faisait que traverser son esprit sans l'effleurer d'un soupçon. Elle était trop sûre de l'amour de son mari pour douter de lui un seul instant. Mais alors que se passait-il ? Ne la croyait-il pas digne de connaître le secret de ses préoccupations et de ses luttes ? Les agitations diverses de ces deux cœurs aboutissaient à une sorte de gêne, à un silence qui était un malaise. « Le grand poison du cœur, c'est le silence, » a dit un poète. Marthe ne le comprenait que trop à cette heure où elle sentait la confiance de son mari lui échapper.

Un jour qu'elle l'avait trouvé plus sombre que de coutume, elle résolut de faire une dernière tentative : il était sorti seul après le dîner, comme cela lui arrivait souvent depuis quelque temps, et, comme à l'ordinaire, il avait dit à sa femme de ne pas l'attendre. Mais Marthe en avait décidé autrement.

Elle voulait en finir ; cette situation lui semblait intolérable.

Après le départ de Raymond, elle resta seule avec sa belle-mère. Pendant quelque temps, les deux femmes travaillèrent en silence ; la tête baissée sur son ouvrage, Marthe tirait fiévreusement son aiguille sans jamais lever les yeux ; elle songeait à ce qu'elle allait dire ; trouverait-elle des accents, des mots assez éloquents pour toucher le cœur de celui qu'elle voulait confesser? Elle pensait à sa sainte mère, qui l'eût si bien conseillée si elle eût été près d'elle. Elle évoquait cette âme d'élite qui lui avait montré le chemin dans toutes les circonstances difficiles de la vie, et se demandait comment elle s'y serait prise pour arriver au but. Elle était si absorbée dans toutes ses pensées, qu'elle ne s'apercevait pas que, depuis quelques instants, Mme Chamblay mère l'observait attentivement.

— Qu'est-ce qui vous préoccupe, ma fille? dit enfin la vieille dame ; vous n'avez pas votre gaieté habituelle.

La jeune femme releva lentement la tête et, fixant sur sa belle-mère ses grands yeux tristes :

— C'est vrai, ma mère, dit-elle, je vous demande pardon ; je pensais à ma pauvre maman,
dont c'était la fête aujourd'hui.

— Oh ! chère petite, dit affectueusement
Mme Chamblay, vous avez raison de garder pieu-
sement le souvenir d'une telle mère ; il ne se
passe pas de jour que je n'y pense moi-même.

L'heure de la retraite ayant sonné, la vieille
dame se leva ponctuellement et vint embrasser
sa bru.

Restée seule, la jeune femme retomba dans
sa méditation et remonta étape par étape sa vie
déjà longue de femme mariée et ses jeunes années jusqu'à sa première enfance. Elle n'y trouva
que joies et bonheur ; tout lui avait souri, jusqu'au jour si cruel où elle avait vu partir sa mère.
C'était le seul chagrin qu'elle eût éprouvé dans
sa vie ; et voilà que tout d'un coup une angoisse
la saisissait sans motif apparent, et qu'elle se
trouvait désarmée devant l'inconnu. Rien n'est
terrifiant comme un danger que l'on ne peut pré-
ciser. Elle le sentait à cette heure suprême où il
fallait à tout prix qu'elle sût la vérité.

Il était bien tard quand elle rentra dans sa
chambre ; elle s'agenouilla sur son prie-Dieu au
pied du christ. Elle adressa une fervente prière
à Celui qui a connu toutes les douleurs ; elle le

supplia de lui donner la force de persuasion nécessaire pour obtenir de son mari ce qu'elle voulait, et, après cette heure de recueillement, elle
se releva forte et résolue [1].

Il était près d'une heure du matin quand
Raymond rentra. Elle l'entendit ouvrir et refer-
mer la porte de la maison et, le cœur palpitant,
elle attendit qu'il fût monté. Alors, elle se décida
à aller le trouver. Arrivée au seuil de sa chambre,
elle frappa et dit à voix basse :

— C'est moi.

Raymond ouvrit aussitôt.

— Pourquoi m'avoir attendu ? dit-il d'un air
mécontent.

Marthe prit son mari par les mains, et, le fai-

1. « La femme dévouée prend au sérieux le rôle d'auxiliaire,
que la Providence lui a assigné dans la vie conjugale. Elle
n'est point de ces petites-maîtresses vaniteuses et délicates qui
reculent devant l'accomplissement de certains devoirs, pour
n'y point perdre leur grâce et leur beauté : sa grâce et sa beauté
à elle, c'est d'obéir avec une chaste simplicité à la loi de Dieu
et au légitime désir de celui auquel elle s'est donnée tout
entière. Elle n'est point de ces idoles glorieuses qui perdent
leur temps à s'orner et ne demandent qu'à être adorées : sa
gloire est de servir le maître bien-aimé qui représente auprès
d'elle la douce et sainte autorité du Christ. Elle cherche à deviner ses pensées et à prévenir ses désirs ; elle lui sacrifie
volontiers ses plaisirs et ses goûts. Elle ne se pare que pour
lui plaire ; elle se prive pour que rien ne lui manque. Elle sait
vaincre sa faiblesse et ses répugnances pour se livrer avec
assiduité et courage à ce travail d'intérieur qui fait d'une mai-

sant asseoir sur le canapé, elle prit place près
de lui, sur une chaise basse :

— Ne me gronde pas, ami, dit-elle, mais
écoute-moi. Il y a trop longtemps que je souffre
sans te le dire. Je suis trop malheureuse.....

— Tu es malheureuse ! s'écria Raymond. Tu
souffres ? et tu ne m'en disais rien ! Parle, ma
chérie. Qu'as-tu donc ?

— J'ai ton chagrin, dit la jeune femme en
plongeant son regard droit dans celui de son
mari.

Raymond tressaillit.

Marthe continua :

— Il ne faut pas nier, mon ami, il ne faut pas
dire non. Je ne suis pas une enfant. Je suis ta
femme, ta compagne. Je veux ma part de tes

son bien ordonnée un lieu plein d'agréments où l'honneur
aime à se reposer des préoccupations et des fatigues de la vie
extérieure. Voit-elle une ombre sur le front de celui qu'elle
aime, pour soulager son cœur elle provoque amoureusement
les confidences pénibles qui la doivent attrister ; elle veut avoir
sa part de tous les chagrins et pouvoir dire à celui dont elle
est l'auxiliaire : « Appuie-toi sur mon cœur. » Et lui peut compter sur elle, car la grâce a triomphé de la faiblesse de son sexe :
c'est la femme forte, digne soutien d'un cœur viril. Viennent
les jours lugubres de la maladie et de l'infirmité, elle ne veut
point confier à d'autres le soin de veiller sur une existence qui
lui est plus chère que sa propre vie. Elle surmonte héroïquement
toutes les fatigues et tous les accablements pour qu'on voie bien
que dans son cœur l'amour chrétien est fort comme la mort. »
(Le R. P. Monsabré.)

soucis, de tes peines. Je ne t'aimerais pas, si je n'avais deviné depuis longtemps qu'un lourd chagrin pèse sur ton âme. Ne sais-tu pas, Raymond, que le bonheur de la femme est de se dévouer? Tu veux m'épargner une peine, sans doute, et tu ne comprends pas que tu me fais souffrir bien davantage en persévérant dans ton mutisme absolu.

— Mon Dieu, ma chère amie, dit Raymond avec quelque impatience, tu me demandes là des choses impossibles. L'existence de l'homme ne ressemble en rien à celle de la femme; si l'intérieur de la maison est le domaine de celle-ci, les affaires du dehors incombent à celui-là, et je blâmerais le mari qui ferait porter à sa compagne, non seulement le fardeau domestique, mais encore celui de ses propres affaires.

Un long silence suivit ces paroles prononcées d'une voix ferme et sous lesquelles on sentait une volonté bien arrêtée. Lentement Marthe releva la tête, et fixant sur son mari un doux regard:

— Raymond, lui dit-elle, tu ne m'aimes plus!

— Enfant! ne mêle point ces choses avec notre amour, dit Raymond, qui voulut attirer sa femme sur son cœur.

— Non, non, dit-elle avec force, en se dégageant, tu ne m'aimes plus! te dis-je. Le

14

véritable amour n'existe pas sans la confiance.

— Tu me tortures, cruelle enfant, ne sais-tu pas que je donnerais ma vie pour t'épargner une larme? Si je ne t'aimais pas comme je t'aime, ajouta Raymond d'une voix sourde, il y a long-temps que j'en aurais fini...

Terrifiée, Marthe lui mit la main sur la bouche.

— Tais-toi! tais-toi! s'écria-t-elle. Tu m'aimes, c'est tout pour moi. J'ai deviné, va. Tu peux tout dire maintenant. Je suis forte, je n'ai peur de rien. Vienne l'adversité, elle me trouvera prête. Tout me sera facile à supporter, puisque tu m'aimes.

Vaincu par l'énergie de cette frêle créature qu'il était chargé de protéger dans la vie et qui le soutenait de sa vaillante affection à l'heure de la lutte, il se fit subitement en lui une détente, comme celles qui suivent souvent les longues ré-sistances; et cet homme si fort pleura.

— Pardonne-moi, Marthe, de t'avoir laissé ignorer ce qui arrive. J'ai lutté de toutes mes forces pour éviter le naufrage dans lequel m'en-traînaient des faillites successives et de malheu-reuses spéculations. Tous mes efforts ont été vains... Et puisque tu me forces à te le dire, ma pauvre enfant, j'ai fait des pertes considé-rables...

— Eh ! mais, ce n'est que cela ? s'écria Marthe en jetant ses bras autour du cou de son mari. Et tu ne voulais pas me le dire !

Le désastre financier de M. Chamblay était plus grand qu'il ne voulait l'avouer. Trompé par des hommes qui avaient spéculé sur sa confiante loyauté, il s'était laissé aller à des illusions qu'avaient entretenues des gens intéressés à le maintenir dans son aveuglement. Un jour vint pourtant où la lumière se fit ; ce jour-là, Raymond voulut conjurer l'orage qui menaçait sa position ; et, pour combler les pertes subies dans les affaires, il se livra à des opérations de Bourse. Il réalisa dès le début des bénéfices qui le grisèrent.

Peu à peu il prit goût à ce genre de spéculations qui devaient, selon lui, reconstituer sa fortune et l'augmenter encore ; il joua gros jeu et perdit. Les liquidations de chaque mois se traduisaient par des pertes considérables ; les reports ne faisaient qu'augmenter encore le déficit. Il arriva un moment où il fallut pourtant s'arrêter et regarder la situation en face. Tous comptes faits, et après avoir réalisé sa fortune personnelle, Raymond se dit qu'il devrait encore plus de six cent mille francs. Les choses en étaient là lorsque sa femme provoqua cette explication, qui lui appa-

raissait comme la plus dure expiation de ses
fautes. Et pourtant, jamais il n'avait eu plus
besoin du secours de cette tendresse vigilante
qui l'entourait et dont presque à son insu il subissait la bienfaisante influence.

— Voyons, dit Marthe en fixant sur son mari
son regard tendre et ferme, tout n'est pas perdu,
je pense. Dis-moi la vérité.

Raymond céda enfin.

Il expliqua les détails du désastre, le désarroi
d'une grande entreprise financière dans laquelle
il avait engagé des fonds ; les mauvaises opérations, les diverses affaires pour lesquelles on
avait fait un vain appel de fonds et qui allaient
sombrer, faute de capitaux.

— Enfin, que te reste-t-il ?

— Hélas, te le dirai-je, ma pauvre amie ! Tout
ce que je possède est englouti, et cela n'a pas
suffi pour faire face aux engagements pris...

— Ma fortune est-elle compromise dans tout
cela ? demanda la jeune femme.

— Ah ! Marthe ! Marthe ! suis-je tombé si bas
que tu me fasses une telle question ?

— Pardon, cher ami, s'écria-t-elle vivement,
je n'ai rien voulu dire qui pût te blesser. Ce qui
est à moi n'est-il pas à toi ? Je sais que je puis
disposer de ce que j'ai comme je l'entends. Je

connais mes droits et j'en use. Je te répète donc, mon ami, que ce que j'ai est à toi.

— Tu sais bien que je n'accepterai jamais cette offre, et que je ne te dépouillerais pas de ton bien, même s'il s'agissait de sauver mon honneur.

— Ton honneur est le mien, comme ma fortune est la tienne. Si elle t'est nécessaire pour tenir tes engagements, prends-la. J'exige de toi cette preuve d'amour, dit Marthe avec force.

— Mais, ma bien-aimée, quand même j'accepterais le sacrifice que tu me proposes dans le but de remettre à flot la barque prête à sombrer, il faudrait encore songer au présent, à la vie quotidienne, aux dépenses de maison, enfin à tout ce qu'il est impossible de supprimer sans éveiller l'attention.

— Oui, c'est vrai, dit Marthe, qui réfléchissait; mais comment faire? Il faut pourtant réduire nos dépenses; et... les réduire de beaucoup.

— C'est bien difficile, murmura Raymond, comme se parlant à lui-même. Pour réduire nos dépenses, il faudrait vendre cet hôtel. Vendre cet hôtel, c'est la déchéance; c'est proclamer qu'on a fait de mauvaises affaires; c'est la ruine du crédit; c'est l'impossibilité de se relever; c'est fermer toute issue au retour de la fortune.

— Oui, oui, je comprends. Il faut trouver un

moyen. Il faut prendre une résolution héroïque
sans que personne s'en doute, le sourire sur
les lèvres. Nous sommes bien de force à le jouer,
ce rôle, n'est-ce pas, Raymond? Mais il faut tout
de suite trancher dans le vif, c'est là le point
important. Eh bien, je crois que j'ai trouvé, dit-
elle d'un air rayonnant. Nous mettrons tout sur
le compte de ma santé. Avec l'argent qui reste,
tant le mien que le tien, tu remplis tes engagements, tu continues les affaires sûres qui sont
commencées. Nous faisons la part du feu. Nous
vendons l'hôtel et les objets de valeur qu'il ren-
ferme. Nous tirerons bien de tout cela trois cent
cinquante à quatre cent mille francs, qui con-
stitueront un revenu d'une quinzaine de mille
francs.

— Une misère! interrompit Raymond d'une
voix sombre.

— Mais non; on peut très bien vivre avec cela,
je m'en charge, dit vivement la jeune femme.

— Ma pauvre Marthe, Dieu m'est témoin que
ce n'est pas pour moi que je regrette ce changement, mais pour toi, ma chérie, si délicate, si
charmante, si bien faite pour toutes les élégances,
toi que j'aurais voulu entourer des raffinements
du luxe le plus exquis...

— Ne me plains pas, dit-elle, le bonheur ne

consiste pas pour moi dans un salon plus ou
moins doré, dans une parure plus ou moins élégante ; tant.que tu m'aimeras, vois-tu, je m'esti-
merai la plus heureuse des femmes. Tranquillise-
toi donc de ce côté, et discutons ensemble les
moyens d'arriver au but que nous nous pro-
posons.

Et tranquillement, avec le calme d'une femme
qui discuterait les apprêts d'une partie de plaisir,
Marthe fit passer sous les yeux de son mari tous
les projets de réformes qu'elle jugeait le plus propres à adopter. Pour que l'on crût à la cause
de santé qui nécessitait de tels bouleversements
il fallait quitter Paris, prétexter le changement
d'air.

— Toutes les femmes d'aujourd'hui sont ané-
miques, disait Marthe en riant, pourquoi ne le
serais-je pas comme les autres ?

— Tu n'en as pas l'air, dit Raymond, qui ne
put s'empêcher de sourire en contemplant les
yeux brillants et le joli visage animé de sa femme.

— Je le ferai proclamer par mon docteur, dit-
elle avec un grand sérieux. Donc, je suis anémique ; la vie factice, enfiévrée de la capitale est
mortelle pour moi. Le monde, les fêtes, les bals,
les grands dîners, les théâtres, tu renonces à
tout cela pour moi. Nous louons un appartement

à la campagne, assez près de Paris, pour que tu y viennes chaque jour, mais assez loin pour que je ne puisse suivre la vie mondaine. Nous nous installons simplement, nous ne gardons qu'une seule domestique...

— Ma pauvre chérie ! gémit Raymond.

— Ne crains rien ; cela marchera très bien, je suis forte — quoique anémique — je m'occuperai du ménage. Cela me fera beaucoup de bien.

Avec cette délicatesse de la femme aimante qui cache des trésors d'énergie sous une apparente faiblesse, Marthe pansa les plaies de ce cœur ulcéré, et peu à peu elle vit la sérénité renaître sur le visage de son mari.

— Tu es un ange, Marthe, dit Raymond avec émotion ; c'est toi, pauvre enfant, qui me protèges, qui me soutiens ! tu es ma force, comme tu es ma joie ; sois tranquille, je lutterai, je travaillerai, et je saurai bien reconquérir une fortune pour la mettre à tes pieds.

CHAPITRE XIX

RÉFORMES BUDGÉTAIRES.

Il fallait prévenir Mme Chamblay mère. Malgré le désir de Raymond de lui épargner un chagrin, il jugea qu'il valait mieux lui faire connaître la vérité le plus tôt possible. Temporiser, c'était amener une contrainte pénible pour tous. Marthe se chargea de la tâche délicate de préparer sa belle-mère. Ce fut moins difficile qu'elle ne le pensait. Avec sa nature stoïque, Mme Chamblay accepta sans murmurer la déchéance qui lui était annoncée. Elle n'avait pas de besoins personnels ; le luxe au milieu duquel elle vivait la gênait presque, ou tout au moins la laissait indifférente. Elle comprit d'abord que l'on se retirerait à Vauglard. Elle avait élevé son fils dans cette maison, et elle eût volontiers échangé sa vie parisienne contre la vie des champs. Elle avait donné toute sa fortune à son fils, se réservant strictement ce qu'il fallait aux besoins si simples de sa vie. Marthe la détrompa bientôt.

— Chère mère, lui dit-elle, il faudra vendre ou tout au moins louer Vauglard ; non seulement ce loyer serait trop cher pour nous, mais encore la vie que nous y avons menée ces derniers mois est un précédent qui nous entraînerait dans des dépenses impossibles. De plus, l'éloignement serait un obstacle pour Raymond, il faut qu'il puisse venir à Paris chaque jour.

A l'idée de vendre Vauglard, un nuage passa sur le visage calme de la vieille dame.

— S'il est possible de garder la maison de Vauglard en la louant, dit-elle, je ne regretterai rien. Raymond a été élevé là...

Marthe prit les mains de sa belle-mère et les porta tendrement à ses lèvres.

— Vous avez raison, ma mère, dit-elle avec émotion, il ne faut pas que Vauglard soit vendu ; nous y retournerons, soyez tranquille. En attendant, Raymond a trouvé un appartement à la campagne, où nous serons très bien ; je vous arrangerai un petit nid bien confortable, dans lequel vous ne regretterez pas trop votre appartement de la rue Rembrandt.

— Ne vous inquiétez pas de moi, chère enfant, je serai toujours bien près de vous. Mais, j'y songe, le personnel, il va falloir le diminuer sans doute ?

— Bien certainement, ma mère, je compte congédier mes trois domestiques ; Françoise vous

restera et pourra aider un peu au ménage. Quant
à la cuisine, je m'en charge.

— Quoi ! mon enfant, s'écria la vieille dame
d'un air consterné, vous voulez faire la cuisine ?
avec ces jolies petites mains habituées aux ouvrages délicats d'une femme élégante !

— Rassurez-vous, ma mère, dit Marthe en
riant, mes petites mains, comme vous dites, ont
déjà manié les casseroles, et je ne suis pas em-
barrassée pour faire une bonne cuisine bour-
geoise, comme ont coutume de dire les cuisinières
qui se présentent. Je trouverai bien dans le pays
où nous irons une fillette où une femme de ménage pour faire les gros ouvrages et pour éplucher
les légumes.

— Vous êtes une âme vaillante, ma fille, dit
Mme. Chamblay, touchée de la sincérité et de la
gaieté de sa bru. Raymond a bien raison de vous
aimer.

— Je l'aime bien aussi, dit Marthe, mais, avant
tout, il faut sauver les apparences : pour sauvegarder l'avenir et conserver son crédit, Raymond
ne doit pas avoir l'air de déchoir. Portons notre
ruine le front haut. Il est bien convenu que je
suis malade ; qu'il faut quitter Paris pour longtemps, et que le bruit, les réceptions, la vie mondaine, en un mot, m'est interdite ; nous éviterons

ainsi les visites, les dîners, choses fatigantes
et coûteuses.

— Et l'hôtel, qu'est-ce que vous en faites?

— Ah ! voilà, nous cherchons à le vendre sans
que l'on en sache la cause ; c'est bien difficile.
Si je me faisais passer pour une personne capricieuse, on pourrait croire que je m'en suis dé-
goûtée? Ai-je l'air d'une personne capricieuse,
ma mère? demanda Marthe gaiement.

— Vous ne l'étiez pas, mon enfant, dit la vieille
dame sur le même ton, mais on peut le devenir,
et votre idée me paraît bonne.

Ce plan fut discuté entre les deux époux. Sans
pouvoir rien arrêter de définitif, car en toute
chose il faut faire la part des circonstances, ils
décidèrent que rien ne serait changé dans leur
manière de vivre pendant quelque temps. Ce
serait en pleine saison que, tout d'un coup, ils
feraient connaître à leurs amis la transformation
qu'ils se voyaient forcés d'opérer dans leur existence.

Le hasard les servit à merveille. Mme Delaze
cherchait depuis quelque temps à acquérir un
petit hôtel dans le genre de celui des Chamblay.
Elle disait négligemment à Marthe, en lui parlant
de sa maison :

— C'est tout à fait ainsi que je comprenais

une installation ; M. Delaze ne m'a pas écoutée, il a voulu faire du grandiose, il a loué un appartement somptueux qui est hors de prix et qui ne me plaît pas du tout. Une petite maison comme la tienne, simple, sans prétention, me conviendrait bien mieux ; mais maintenant on ne trouve plus de ces petits hôtels-là, on fait grand. Nous ne sommes que deux ; nous n'avons pas besoin de douze chambres à coucher.

Marthe saisit la balle au bond.

— Si mon petit hôtel te plaît, le veux-tu ? je le vendrais volontiers, puisque je vais le quitter pour je ne sais combien de temps.

Germaine eut un haut-le-corps.

— Tu le quittes ! s'écria-t-elle, stupéfiée ; tu veux le vendre, réellement ?

— Je le quitte certainement, dit Marthe en riant, puisque le médecin veut que je m'enterre à la campagne. Quant à le vendre, c'est autre chose. Si Raymond y consentait, je n'y mettrais pas d'obstacle ; car rien ne m'amuse comme le changement. Quand j'ai organisé une maison, je suis comme les enfants qui désirent un beau jouet et qui s'en dégoûtent lorsqu'ils l'ont.

Germaine fit un mouvement.

— Je passe des heures délicieuses à organiser une maison, à courir les magasins pour trouver un objet d'art, un bibelot, une vieille faïence, puis, tout cela trouvé, posé, casé, je m'en dégoûte. Je voudrais recommencer; toujours renouveler ces recherches, et j'ai parfois envie de briser mon hochet.

— Mais je ne te connaissais pas cet affreux défaut, fit Germaine avec un froid sourire; moi, je suis plus constante que cela, et quand une chose est à mon goût, elle me plaît toujours.

— Tu vaux mieux que moi, ma chère, dit Marthe d'un air de bonne humeur; mais, je te le répète, si mon hôtel te plaît, j'en parlerai à mon mari.

— Oh! n'allons pas si vite, riposta Germaine, je ne sais si ta petite maison conviendra à M. Delaze.

Quoique, au fond, Germaine fût ravie de penser qu'elle pourrait acquérir cet hôtel, dont elle avait tant admiré secrètement la merveilleuse installation, elle avait trop d'amour-propre pour le laisser voir, en accueillant d'emblée la proposition qui lui était faite; elle se hâta pourtant d'en parler à son mari, afin de ne pas laisser échapper une occasion aussi belle. La différence entre ses réceptions et celles de son amie Marthe était grande : autant dans la demeure de l'une on sentait la cordialité et l'abandon de

bonne compagnie, autant dans les grands salons
de l'autre on était froid et guindé.

Germaine le comprenait, et elle se disait que
cela tenait sans doute au local. Les recherches
exquises de l'hôtel des Chamblay lui paraissaient
enviables, mais elle n'aurait pas su les combi-
ner elle-même. Il lui semblait qu'en entrant dans
cet hôtel meublé par les soins et le goût de Marthe, elle y prendrait en même temps le secret
qu'avait celle-ci de charmer ses invités.

M. Delaze ne fit aucune opposition au désir
de sa femme ; restait donc à débattre la question
de prix.

Il vint faire visite à Raymond pour lui parler
de son projet. Celui-ci avait intérêt à contenter
M. Delaze, et surtout à ne point lui laisser
soupçonner l'état de ses affaires. Le moindre
indice pouvait le discréditer à tout jamais et lui
faire perdre le dernier espoir qui lui restait de
se relever un jour. Il suivit donc à la lettre le
plan si intelligent conçu par Marthe, et traita
en grand seigneur cette affaire comme si elle ne
lui eût pas tenu au cœur. Le résultat n'en fut
que meilleur, M. Delaze offrit de l'hôtel un prix
inespéré. Ainsi qu'il arrive toujours, moins le propriétaire paraissait disposé à vendre, plus l'acqué-
reur semblait désireux de conclure le marché.

Enfin tout se termina au gré des deux parties ;
il fut convenu que M. Chamblay cédait son hôtel
tout meublé moyennant la somme de cinq cent
mille francs, avec la condition de retirer quelques meubles personnels, quelques objets d'art,
souvenirs dont Mme Marthe Chamblay ne voulait
pas se séparer. Il fut stipulé, en outre, que M. et
Mme Delaze n'entreraient en jouissance qu'à la
fin du mois d'avril, afin que les Chamblay eussent le temps de prendre possession de leur nouvelle installation.

Restait Vauglard, qu'il était important de
louer. L'entretien de cette propriété s'élevait en
moyenne à six mille ou sept mille francs par
an. Des amis de M. Tachy profitèrent de l'offre
qui leur fut faite, par ce dernier, de louer la
propriété des Chamblay, lesquels allaient aux
eaux pour cause de santé. Après tant d'efforts,
on arrivait au but.

C'était à Forges, petit village près de Limours,
que la famille Chamblay devait transporter ses
pénates. Les sources d'eau ferrugineuse de ce
pays, quoique peu connues, n'en ont pas moins
une certaine efficacité. Elles suffisaient à expliquer le choix de Raymond.

Il fallait avant tout que ce départ n'eût l'air ni
d'une fuite, ni d'une retraite. Marthe continua

donc de vivre comme par le passé, rendant ses
visites ponctuellement et avec une sérénité inaltérable. Jeanne d'Arlay lui dit un jour à brûle-
pourpoint :

— Est-ce que c'est pour faire des économies
que tu t'en vas à la campagne ?

Marthe sourit.

— Plût au ciel, ma chère, dit-elle, je serais
moins nerveuse et moins anémique. Je rêve
d'acheter un petit château Louis XIII, situé en
Touraine, et de m'y confiner à jamais. Il est
navrant de devenir fantaisiste à ce point. Voilà
que je commence à aimer sérieusement la campagne ; qui sait si je ne finirai pas par m'y
installer tout à fait ?

— Mais toutes tes amies te pleureraient, dit
Jeanne avec son sourire faux.

— Bah ! fit Marthe en haussant les épaules,
elles se consoleraient vite.

Jacqueline, que son amitié rendait clair-
voyante, avait essayé de confesser sa cousine,
mais celle-ci était restée impénétrable. Elle avait
plaisanté, comme avec tous, sur son humeur devenue capricieuse, et Jacqueline, de même que
les autres, avait dû se contenter de cette explication. D'ailleurs, le temps arrivait où chacun
allait partir pour aller soit à la mer, soit à la

campagne, soit aux eaux. Le grand prix de Paris venait d'être couru ; Marthe s'y était montrée souriante, au bras de son mari. Elle avait provisoirement fait enlever de l'hôtel de la rue Rembrandt les meubles qu'elle s'était réservé de garder, — entre autres ceux que son mari avait rapportés d'Orient, ainsi que les choses personnelles qui lui avaient été données par des amis. Tous ces objets avaient été portés chez un tapissier auquel on en avait confié la garde. — Quoique le plan des deux époux fût bien arrêté, et qu'ils dussent revenir s'installer de nouveau à Paris au commencement de l'hiver, il entrait dans leurs idées de laisser croire dans le monde qu'il n'y avait encore rien de décidé à ce sujet. Tout serait subordonné à la santé de Marthe.

Celle-ci fit ses visites d'adieu et partit, vers la mi-juin, avec sa maison pour Forges. Avant son départ, elle dut se séparer de ses domestiques ; prétextant l'incertitude où elle était de la durée de son absence, elle les congédia, non sans leur offrir une gratification en récompense de leurs bons services. Françoise seule fut gardée.

En arrivant à Forges, les Chamblay descendirent à l'établissement des bains, afin de se donner le temps de trouver une demeure à leur conve-

nance. Après avoir parcouru le pays, ils se décidèrent pour une maisonnette rustique située près
du grand bois de sapins qui borde l'établissement.
Les chambres, meublées modestement, donnaient
sur un grand jardin en friche, dont le propriétaire, cultivateur aisé du pays, s'occupait lui-
même. Au rez-de-chaussée se trouvait une salle
à manger, un salon et une cuisine. En attendant
que Marthe trouvât une fille du pays pour la servir, elle entreprit de faire la cuisine elle-même.
Françoise avait assez de soigner Mme Chamblay
mère et de faire le ménage.

A Forges, les approvisionnements se font par
l'intermédiaire d'un messager qui vient tous les
jours de Limours, bien qu'il y ait quelques petits
fournisseurs dans le pays. Marthe fut bientôt
au courant de toutes les ressources du village ;
elle fit apporter chaque jour des légumes, des
fruits fraîchement cueillis ; pendant quelques
jours, la maison marcha ainsi et personne n'eut
à se plaindre de ce nouvel état de choses.

Raymond déplorait en secret d'avoir réduit sa
femme à cette dure extrémité. Lorsqu'il voulait
lui parler à ce propos, elle lui fermait la bouche
par un frais éclat de rire.

— Ne t'occupe pas de cela, ce n'est pas ton
affaire. Tu travailles de ton côté, je m'ennuierais

si je ne faisais rien ; et je perdrais la main, comme disent les grandes cuisinières.

Une voisine, ayant entendu dire que Mme Chamblay cherchait une domestique, vint lui proposer sa fille. L'enfant avait à peine seize ans et ne savait rien faire, aussi la mère n'avait-elle point d'exigence quant au salaire ; elle voulait avant tout que sa fille fût dans une bonne maison et qu'elle y apprît le service. Ces conditions convenaient à Marthe, et toutes deux tombèrent d'accord. Claudie entra dès le lendemain.

Il faut presque plus de courage pour dresser une servante absolument novice que pour se servir soi-même ; mais, par prévoyance, et ne pouvant décemment se passer dans l'avenir d'une cuisinière, Marthe voulait profiter de sa retraite pour former Claudie et se l'attacher.

Elle commença par lui apprendre le service de la table ; puis elle fit la cuisine, aidée de la jeune fille, en lui expliquant le temps voulu pour la cuisson des mets courants et la manière de les préparer. Enfin, elle lui fit essayer seule un ou deux plats ; peu à peu, la jeune fille arriva à faire d'elle-même une cuisine convenable ; le plus fort était accompli, car, en cela comme en toute chose, les commencements sont le plus difficiles.

CHAPITRE XX

Raymond allait presque tous les jours à Paris pour ses affaires. Depuis que Marthe était au courant de la situation, il s'entretenait avec elle de la marche de ses opérations. La confiance qu'il avait en sa femme s'était encore accrue. Soutenu, encouragé par la vaillance de Marthe, il avait retrouvé l'énergie nécessaire pour faire face aux difficultés du présent. Ces difficultés étaient plus grandes qu'il ne l'avait d'abord supposé. Il serait banal de rappeler ce dicton, cependant si vrai : « Un malheur ne vient jamais seul. » Outre les fortes sommes englouties à la Bourse, M. Chamblay avait, ainsi que beaucoup d'autres personnes, subi une perte considérable dans un désastre financier, qui avait ruiné bien des familles. Une partie du produit de la vente de l'hôtel Rembrandt avait même dû servir à rembourser certains créanciers.

Lorsque Raymond arrivait à la campagne le front soucieux, il recevait invariablement un accueil tendre et souriant. Marthe savait trouver

le mot consolant, fortifiant, qui adoucit la déses-
pérance et rend le chagrin moins amer.

Elle avait, comme presque toutes les femmes,
une perception sûre des choses, qui lui permettait
de donner au besoin des conseils salutaires ; sa
plus douce récompense était de voir ce visage
assombri reprendre peu à peu auprès d'elle sa
sérénité habituelle.

Les Chamblay passèrent l'été dans une retraite
absolue ; Mᵐᵉ Chamblay mère, toujours occupée,
comme par le passé, à tricoter pour les pauvres,
avait découvert deux ou trois familles indigentes
auxquelles elle distribuait ses petits ouvrages.
Tout en surveillant son ménage et sa jeune
bonne, Marthe s'associait aux bonnes œuvres de
sa belle-mère ; si elle ne pouvait, ainsi qu'elle le
faisait autrefois, semer l'argent sans compter,
elle trouvait encore moyen d'économiser sur sa
propre dépense et de faire la charité. Les bonnes
paroles, les soins dont elle accompagnait ses
aumônes, la faisaient chérir de tous les pauvres
qu'elle secourait.

Avant de rentrer à Paris, il fut décidé que l'on
ferait une visite aux Barville. Geneviève écrivait
à Marthe lettres sur lettres, pour obtenir une
réponse affirmative à son invitation.

Raymond approuva d'autant plus ce voyage,

qu'il prolongeait son séjour hors de Paris ; il
redoutait le retour dans cette ville où tant de personnes l'avaient connu riche, indépendant, et
où il faudrait commencer une existence tout
opposée à celle qu'il avait menée jusqu'alors. Le
prétexte inventé pour justifier les faits accomplis
péchait par la base ; la santé de Marthe rétablie,
il n'existait plus aucune raison pour prolonger
leur absence et il sentait bien que, bientôt, la
vérité se ferait jour. Ce n'était pas seulement le
respect humain qui lui causait ces inquiétudes, il
lui fallait encore pendant quelque temps sauvegarder les apparences, afin de terminer d'une
façon satisfaisante l'affaire sur laquelle il comptait pour se remettre à flot.

Il conduirait à Rouen sa mère et sa femme, et
resterait à Forges pendant leur séjour chez les
Barville. Cela donnerait à Marthe le temps de
songer à sa nouvelle installation, en même temps
que cela lui permettrait, à lui, de chercher un
appartement à Paris.

Ce fut au mois d'octobre que ce petit voyage
eut lieu.

M. et Mmes Chamblay débarquèrent un beau
matin à Rouen, gare de Saint-Sever. Lucien les y
attendait, dans son break, pour les conduire
chez lui. La maison des Barville était située bou-

levard Cauchoise, à trois quarts de lieue environ
de la filature. En quelques minutes on fut arrivé.
Geneviève et Mme Barville attendaient dans la
cour les voyageurs. Ils furent fêtés, entourés,
embrassés, après quoi on les mena dans l'appartement qui avait été préparé pour eux.

La maison ressemblait à la plupart des habi-
tations de province; elle était froide et spacieuse.
avec un jardin dans le fond et une grande cour
pavée sur le devant. On entrait au rez-de-chaussée
par une longue galerie vitrée dont les dalles,
d'une blancheur immaculée, attestaient la bonne
tenue du logis. Marthe suivit Geneviève, tandis
que Mme Barville conduisit Mme Chamblay mère
dans la chambre qui lui était destinée. Pendant
ce temps, Raymond allait avec Lucien retrouver
M. Barville à la filature. Restées seules, les deux
jeunes femmes s'étaient jetées dans les bras
l'une de l'autre.

— Tu es encore embellie, dit Geneviève en re-
gardant son amie.

— Et toi, vilaine sournoise, comme tu es
engraissée !

— Je voulais t'en laisser la surprise, fit Geneviève en souriant.

— Pour quand? demanda Marthe.

— Pour décembre, je pense.

— Tu es bien heureuse, toi, dit Mme Chamblay avec un soupir.

— Ah ! ma chère, j'avais bien besoin de cela, car je t'assure que la vie de province n'est pas toujours gaie. Tu m'objecteras qu'à Paris je donnais des leçons du matin au soir et que ce n'est pas amusant non plus. D'accord ; mais tu sais que le travail ne m'a jamais effrayée, ni déplu. Ici, je n'ai rien à faire.

— Mais tu as ton mari, que tu aimes?

— Sans doute. J'aime Lucien de tout mon cœur, et il m'aime aussi; mais il est absent toute la journée; c'est ma belle-mère qui tient la maison et mon beau-père surveille tout. Ils sont bons, j'en conviens, mais leur manière de vivre diffère tellement de l'existence que nous menions à Paris ! Je me souviens trop bien des enseignements de ton excellente mère pour ne pas savoir que l'on doit se soumettre à la destinée qui vous est échue ; cela ne m'empêche pas de souffrir de l'inaction à laquelle je suis condamnée.

— Je comprends, ma chérie, alors le bébé vient à point.

— Je t'en réponds. Depuis trois mois, je ne m'ennuie plus autant. Tu vois, ajouta Geneviève en désignant à Marthe tous les petits objets étalés sur sa table à ouvrage, je fais moi-même

ma layette, et c'est une vraie joie pour moi de
confectionner toutes ces petites choses qui seront
portées par mon enfant.

— Tu comptes le nourrir?

— Certes. Je ne veux laisser à personne le soin
d'élever le cher trésor que Dieu m'envoie. Tout est
déjà préparé pour l'arrivée de mon fils, car c'est
un garçon, tu sais. Son berceau est là.

Et la jeune femme montra du doigt une barcelonnette tout entourée de rideaux bleus couverts
de dentelle, qui se trouvait dans un coin de la
chambre.

Cette chambre, qui était celle de Geneviève,
contrastait singulièrement avec l'aspect général
de la maison. La rigidité qui régnait partout était
corrigée dans ce coin par le goût parisien de celle
qui l'habitait. Quelques meubles élégants, quelques tentures modernes, quelques fleurs çà et là
donnaient à cette pièce un air coquet et habité.

— Mon domaine commence et finit ici, dit Geneviève en souriant. Mes chers livres m'ont con-
solée jusqu'à présent. Désormais, ils passeront
après mon fils.

Marthe ne tarda pas à s'apercevoir qu'il n'y
avait rien d'exagéré dans les paroles de son amie.
L'atmosphère que l'on respirait dans la demeure
des Barville était aussi froide que l'aspect même

de l'habitation. Le salon, situé au rez-de-chaussée,
bourgeoisement, mais richement meublé, ne s'ouvrait que dans les grandes circonstances. On
vivait pour ainsi dire dans la salle à manger,
vaste pièce dallée dont les murs disparaissaient
presque sous une profusion de vitrines contenant
des oiseaux empaillés. Devant chaque siège se
trouvaient de petits carrés de tapisserie ; la table
à ouvrage de Mme Barville mère était placée à
côté d'une des fenêtres qui éclairaient cette pièce,
tandis qu'au milieu se tenait, toute grande ouverte, une immense table à manger recouverte
d'un tapis à fleurs. Toute la journée on voyait
trottiner la maman Barville, dont la vigilance
était infatigable.

L'unique servante de la maison, qui avait vu
naître Lucien, était une de ces filles que l'on ne
trouve plus qu'en province, dévouée à ses maîtres
au point de leur sacrifier toute personnalité.
Quand elle avait achevé son ouvrage dans l'intérieur, elle se rendait au jardin pour soigner le
potager. M. Barville prenait rarement un jardinier à la journée. Depuis qu'il n'allait plus régulièrement à la filature, il s'occupait de tous les
menus détails du ménage et du jardin. Il savait
le compte de ses prunes, de ses pêches, et suppu-
tait la quantité de livres de raisin de sa récolte

annuelle. Sans aller aussi loin que ce héros de
Balzac qui ne laissait servir les fruits à ses hôtes
que lorsqu'ils étaient pourris, il tenait cependant
à ce que le fruitier fût toujours approvisionné au
détriment de la table. On offrait souvent les fruits
trop mûrs et les œufs à la coque trop avancés.
L'abondance du gibier corrigeait un peu la parci-
monie du reste du service. M. Barville était, on
le sait, un habile chasseur, et il fournissait lui-
même le garde-manger de la maison.

Les soirées étaient invariablement employées
aux différents jeux qu'affectionnait le beau-père
de Geneviève, le bésigue et le trictrac. Parfois,
un voisin ou deux survenant, on faisait un whist.
De temps en temps également, on recevait à dîner
quelques amis; puis c'était à leur tour de rendre
ponctuellement aux Barville le repas offert par
ceux-ci.

On comprend qu'une telle existence, très ac-
ceptable pour ceux qui en ont l'habitude, puisse
paraître d'abord un peu monotone à une Parisienne. La jeune Mme Barville, transplantée tout
d'un coup dans un monde aussi différent du
milieu où elle avait vécu jusqu'alors, était bien
excusable.

Marthe comprit une fois de plus l'équité de la
justice divine, qui veut que chacun ici-bas ait sa

part de tribulations; si le sort de son amie était
plus assuré que le sien, combien son genre de vie
à elle lui paraissait préférable !

Raymond repartit dès le lendemain et sa
femme se promit de ne pas prolonger longtemps
son séjour dans la maison Barville. Pendant
qu'elle y demeurait, elle désirait se rendre
agréable.

Il est des règles de convenance à observer
aussi bien pour ceux qui reçoivent l'hospitalité
que pour ceux qui la donnent. L'amabilité était
chose si naturelle à Marthe, qu'elle n'eut aucun
effort à faire pour mettre ces règles en pratique.

Toujours prête avant l'heure des repas, elle
s'offrait à aider Mme Barville dans les menus détails du service ; elle lisait à haute voix le journal
de M. Barville, dont la vue s'affaiblissait ; elle faisait encore sa partie le soir ou bien elle se mettait
au piano pour plaire à Mme Barville ; la layette
du bébé à venir l'intéressait à ce point, qu'elle
avait renoncé à tout autre ouvrage pour s'occuper
de confectionner des brassières et des chaussons.
Geneviève mettait son amour-propre de jeune
mère à avoir une layette des plus complètes, bien
qu'elle sût que les petits enfants grandissent et
se transforment à vue d'œil. Elle préparait six
petites chemises décolletées à l'anglaise pour le

premier âge, six de second âge, six de troisième et
six élégamment garnies; vingt-quatre brassières
divisées également pour les trois âges : elle faisait
en même temps, pour le premier âge, six béguins
de flanelle, six béguins festonnés en piqué, six
en batiste, garnis de valenciennes, six bonnets
de nuit et six bonnets garnis de ruban; pour le
deuxième âge, il y avait douze bonnets variés
ainsi que pour le troisième âge. Les couches de
toile étaient par six douzaines, les couches-pan-
talons par trois douzaines[1].

La mère de Geneviève, Mme Émery, lui avait
bien recommandé, pour tous les objets qui devaient toucher le corps de l'enfant, d'employer
du vieux linge très doux. Les armoires de Mme Bar-

---

1. Le reste de la layette se composait comme il suit :
Une douzaine de petits draps.
Six taies d'oreiller.
Six couvertures de laine fine.
Six couvre-pieds de duvet en soie piquée.
Douze langes en flanelle anglaise.
Douze langes en piqué anglais.
Douze langes en piqué molletonné.
Six couvre-langes en percale garnis de broderie.
Six brassières tricotées.
Douze bavettes.
Six paires de brodequins en tricot bleu et blanc.
Six paires de brodequins en tricot anglais.
Six paires de bas de laine.
Six paires de chaussettes.
Six paires de guêtres tricotées.

ville avaient largement approvisionné la jeune femme de ce genre de fine toile.

Une de ses amies lui avait prêté les modèles sur lesquels elle avait taillé chemises, brassières, etc.

Les chemises étaient courtes, ouvertes derrière avec des emmanchures assez larges. La manière la plus usitée, quoique ancienne, consiste à garnir l'encolure de la chemise d'un petit volant de batiste ou de nansouk, lequel, se rabattant comme une collerette sur la brassière de flanelle, empêche ainsi le contact de la laine avec le cou délicat de l'enfant. Les robes de dessous et les cache-langes étaient également ouverts derrière.

Quant au berceau, il était en fer et peint en blanc; c'est là incontestablement le procédé le plus hygiénique. Une housse capitonnée le recouvrait; au fond de la barcelonnette se trouvait une

Une pelisse en cachemire blanc, ouatée et toute brodée.

Une autre pelisse en piqué blanc, garnie de riche broderie anglaise.

Deux capelines blanches en cachemire, ouatées et brodées.

Deux capelines en piqué blanc, garnies de broderie.

Deux voiles en fin tulle de Bruxelles.

Deux robes longues en percale brodées et garnies de valenciennes.

Et pour les second et troisième âges, quelques robes courtes en cachemire, en piqué avec pèlerine, quelques chemisettes garnies, quelques tabliers de fin jaconas, quelques douillettes également garnies.

petite paillasse ou paillon sur lequel il y avait un carré de caoutchouc toile, et par-dessus un carré de gros molleton[1] ; l'oreiller était en crin blanc ; sur les draps on mettrait des couvertures de laine ou de coton, des couvre-pieds de soie, ouatés ou non, selon les saisons.

Les rideaux du berceau étaient, comme la housse, en soie bleu de ciel. De seconds rideaux, garnis de dentelle, recouvraient ceux-ci.

La vue de ces jolies petites choses produisait sur Marthe une impression à la fois douce et pénible ; elle se disait qu'elle accepterait volontiers la vie un peu uniforme qui était faite à Geneviève pour avoir la joie d'être mère ; elle ne s'en cachait pas à son amie, dont elle relevait par ses paroles le moral abattu. Elle lui disait encore de bonnes et sages choses à propos de ce changement d'existence, des concessions qu'elle devait faire à sa nouvelle famille et de la satisfaction qu'elle éprouverait un jour à reprendre son indépendance.

— Tu seras chez toi un peu plus tard, ma mignonne, et quand tu auras plusieurs enfants autour de toi, tu prendras forcément la place qui convient à une mère de famille. J'avoue que les

---

1. C'est sur ce molleton — que l'on change ainsi que le carré de caoutchouc toile chaque fois qu'ils sont mouillés — que l'enfant est posé.

cousins Barville sont tatillons et absorbants ; quand on est vieux et désœuvré, on a des manies.

— A qui le dis-tu, ma chère ? N'ai-je pas vécu avec tante Cyprienne et tante Eudoxie ? mais au moins, en ce temps-là, je donnais des leçons, j'étais toute la journée dehors et je ne les voyais guère qu'aux heures des repas, tandis qu'ici, lorsque mon beau-père cesse d'inspecter les détails de l'intérieur, ma belle-mère arrive et reprend la série de ses investigations.

— Permets-moi, reprit Marthe en souriant, de te dire que tu exagères un peu ; la vie se compose d'une foule de sacrifices, et le bonheur doit être acheté par bien des concessions. Si tu es moins libre, en revanche, tu n'as aucune préoccupation d'avenir ; si le caractère méticuleux de tes beaux-parents te pèse, n'as-tu pas l'affection tendre et dévouée de ton mari, qui compense largement ces petits désagréments ?

— Ne sais-tu pas, répliqua Geneviève avec quelque vivacité, ne sais-tu pas que l'on supporte plus facilement un grand chagrin que ces mille coups d'épingle qui vous blessent à tous les instants de la vie ?

— Je ne dis pas le contraire, ma chérie, et je te plains sincèrement, mais je t'assure qu'il est nécessaire que tu ne te laisses pas gagner par

l'ennui, il faut à tout prix réagir, même au point
de vue de ton enfant ; il faut sortir, t'occuper ac-
tivement, te créer des relations ; et voyons, en
conscience, ton sort est-il si désespéré? Tu habites
une ville charmante, à la porte de Paris ; tu re-
çois les visites de ta famille. Juliette n'est-elle
pas venue dernièrement avec son mari? n'as-tu
pas eu Hélène, il y a quelques jours ?

— Oui, et lorsque je revois mes sœurs, je regrette d'autant plus la maison paternelle...

— Nous regrettons toujours ce que nous
n'avons plus ; les choses vues à distance revêtent
à nos yeux un aspect particulier : le mal s'efface
peu à peu de la mémoire, le bien seul reste dans
le souvenir. Rappelle-toi les querelles dont nous
avons été témoins et qui nous attristaient si
fort.

— Pauvre maman! c'est pourtant vrai, soupira
Geneviève ; c'est sur elle que tout retombe.

— Ces huit mois écoulés loin des tiens t'ont
paru longs, c'est bien naturel, mais, crois-moi,
le plus dur est passé ; non seulement tu t'habi-
tueras à cette vie nouvelle, mais encore tu en
prendras le goût. En devenant mère, ta situation
changera totalement ; tu acquerras aux yeux de
tes beaux-parents une importance considérable.
Ne sera-ce pas à toi qu'ils devront, outre le

bonheur de leur fils, la joie d'avoir un héritier ?

— Que le ciel t'entende, ma bonne Marthe, et me fasse prendre en patience l'existence dans laquelle je dois me confiner !

— N'en doute pas, ma chère. De ton courage, de ton habileté dépend ton bonheur à venir. On fait à la province une réputation qui n'est pas toujours justifiée. La vie y est sans contredit plus calme, plus uniforme qu'à Paris ; le mouvement intellectuel y est moins intense, les distractions y sont plus rares ; mais, si peu que je la connaisse, je crois que les affections qu'on y contracte doivent être plus profondes et plus durables, que les joies du foyer doivent y être plus intimes, que le dévouement maternel peut s'y développer plus à l'aise. En vérité, mon amie, ce n'est pas un sermon que je te fais, mais je te parle avec une conviction que je désire te voir partager.

Par le fait, il était assez bizarre d'entendre ces deux jeunes femmes discuter de la sorte. On se fût attendu à trouver chez l'une, d'aspect sérieux, de condition modeste, des goûts raisonnables, une franche acceptation de la vie qui lui était échue ; tandis que l'on n'eût pas été surpris de rencontrer chez l'autre, douée d'une beauté exquise, habituée à la vie élégante de Paris, une

frivolité dénuée de raison. C'était tout l'opposé
qui se présentait. L'éducation avait pourtant
été la même, mais cette différence tenait sans
doute à ce que Geneviève ne trouvait pas dans sa
vie quotidienne le moyen d'exercer ses facultés.

— Je te promets, dit en terminant Mme Lucien Barville, de faire tout mon possible pour
suivre ton conseil ; mais j'aurai du mérite, tu
ne connais pas, et j'en remercie Dieu, tous les
soucis qui peuvent troubler la vie la plus paisible
en apparence.

— Le crois-tu? dit Marthe avec un sourire em-
preint de mélancolie.

Geneviève la regarda étonnée ; ses yeux interrogeaient :

— Rassure-toi, continua Mme Chamblay, il n'y
a rien de particulier, mais personne ici-bas n'est
exempt d'ennuis.

Au sortir de cet entretien, Geneviève prit la
résolution de paraître toujours gaie, elle comprenait mieux maintenant l'effort qu'elle devait faire
pour se résigner à son sort. En scrutant sa conscience elle dut s'avouer qu'elle n'avait pas fait le
nécessaire pour s'attirer la confiance et l'affection
des parents de son mari. Les prévenances de
Marthe pour ses cousins Barville lui avaient
d'abord échappé, mais, en y réfléchissant, elle se

disait que c'était à elle qu'il eût appartenu de remplir ce devoir filial.

Elle s'apercevait à présent que Mme Barville se déchargeait volontiers sur Marthe de bien des détails de maison : si elle eût songé plus tôt à s'offrir, peut-être sa belle-mère eût-elle pris peu à peu l'habitude de l'initier à ses occupations domestiques. Ce n'est pas que cela fût son rêve, mais, au moins, c'eût été une façon de devenir insensiblement maîtresse de maison. Elle se promit donc de suivre désormais la voie que Marthe lui avait tracée.

Les principales relations de la famille Barville étaient des relations d'affaires ; on recevait assez souvent d'une façon impromptue les clients, les commettants de la maison de commerce. C'était presque toujours au déjeuner que se traitaient les questions de négoce. Les femmes restaient en dehors de ces sortes de conversations, et il arrivait quelquefois que MM. Barville préféraient inviter au restaurant les nouveaux clients ; les dîners priés avaient lieu surtout pendant la saison de la chasse et l'on profita du séjour des Chamblay pour engager quelques amis.

Marthe put apprécier par elle-même la vérité de ce que lui avait dit un jour sa belle-mère au sujet des repas d'autrefois. Sous ce rapport, la

province est restée stationnaire. Les grands
dîners s'y composent comme jadis d'une quantité
indéfinie de plats ; on demeure des heures à table ;
il est même des maisons où l'on ne quitte la salle
à manger qu'au moment du départ. Ces sortes
d'agapes pantagruéliques sont un supplice pour
les Parisiens ; en revanche, les provinciaux dé-
nigrent et méprisent les habitudes et les dîners
de Paris.

On s'y prenait huit jours à l'avance pour préparer et confectionner les gâteaux, les pâtisseries sèches, les pâtés, les terrines de gibier ;
puis on commandait les viandes, les poissons et
tout ce qui devait composer ces fastueux menus.
Les restes d'un de ces repas servaient à nourrir
la famille pendant au moins une semaine.

On attendit l'arrivée de Raymond pour réunir
les amis qui avaient autrefois connu son père ; ce
dîner, composé d'une vingtaine de convives, ras-
semblait à peu près toute la société des Barville.

— Place-moi à côté de quelqu'un d'aimable,
avait dit gaiement — en prévision de la lon-
gueur du repas — Marthe à son amie.

— Tu oublies que je ne suis pas la maîtresse,
avait répondu Geneviève sur le même ton.

— Mais tu as voix au chapitre, prête-moi Lucien, veux-tu?...

— C'est cela; seulement, charge-toi de le dire toi-même à ma belle-mère; elle a toute espèce d'égards pour toi, il me semble. Elle t'a donné la chambre *du roi.*

— La chambre du roi! fit Marthe en éclatant de rire. Que veux-tu dire par là?

— Nous l'avons surnommée ainsi, Hélène et moi, parce que c'est la plus belle pièce de la maison. As-tu remarqué qu'elle est parquetée en marqueterie, que le lit a quatre matelas et trois lits de plume, que les rideaux de damas jaune sont éclatants de fraîcheur, et que tous les meubles ont l'air de sortir de chez le marchand? Cette chambre d'amis ne s'ouvre que dans les grandes occasions. Hélène croit qu'elle a dû abriter le Grand Roi dans quelque circonstance solennelle.

— Méchante! tu en veux bien à cette pauvre maison!

Le dîner eut lieu la veille du départ de la famille Chamblay. Il fut plantureux, sinon élégant; servi à l'ancienne mode, il se composait de trois services. La table était complètement garnie de réchauds argentés, destinés à recevoir les différents plats; un surtout, de même métal, ornant le milieu de la table, portait le mets principal. Deux servantes de renfort aidaient la domestique

de la maison. Avant de passer dans la salle à
manger, M. et Mme Barville avaient présenté
Raymond et Marthe à leurs convives. Il y avait
parmi ces derniers des négociants, des indus-
triels, des magistrats. Un vieux président de
cour, qui avait connu M. Chamblay père, fit un
accueil des plus gracieux à Raymond et à sa
femme, et leur présenta son fils, Henri Hardelier, substitut à la cour de Rouen. C'est entre
ce dernier et Lucien que fut placée Marthe.

La conversation ne pouvait pas être générale,
vu le nombre des invités; aussi les apartés ne
devaient pas manquer de s'établir. Marthe commença par causer familièrement avec Lucien;
puis elle se souvint qu'elle avait près d'elle le fils
d'un ancien ami, et se partagea entre ses deux
voisins. M. Henri Hardelier n'était pas un timide,
malgré son apparence d'écolier. Après avoir dé-
buté par causer de la pluie et du beau temps,
Marthe et lui arrivèrent à parler de Paris, de
ses plaisirs, de ses théâtres ; en un mot, de la
vie mondaine.

Le jeune Hardelier avait fait ses études dans
la capitale, et c'était toujours une joie pour lui de
retrouver des Parisiens; il avait l'esprit original,
un esprit à la fois naïf et prétentieux; Marthe
ne put s'empêcher de s'en amuser un peu; elle

rit franchement à un mot plaisant que lui dit le
jeune homme à la suite d'une discussion musicale. Après avoir passé en revue les grands maîtres, M. Hardelier s'écria d'un air enthousiasmé :

— Une de mes passions est la partition d'*Orphée*, j'adore cette musique, et vous, madame?

— Moi aussi, monsieur, je partage votre admiration pour la musique de Glück.

— Oh! mais il ne s'agit pas de Glück, reprit
sérieusement le jeune homme, je parle d'*Orphée
aux Enfers*, l'opérette d'Offenbach. S'il s'était
agi de Glück, j'eusse considéré cela comme un
sentiment héroïque, et je n'en parlerais pas.

Grâce à l'amabilité de Lucien et à l'originalité
du substitut, Marthe ne s'aperçut pas de la lon-
gueur du dîner.

Lorsqu'on revint dans le salon, elle fut bientôt
entourée de tous ceux qui avaient connu son
beau-père. Elle était, par le fait, l'héroïne de la
soirée; Geneviève, s'effaçant modestement, jouissait, sans arrière-pensée, du succès de son amie.
Celle-ci parlait à chacun avec sa grâce ordinaire.
Observant les convenances de l'âge, du rang, des
personnes avec lesquelles elle s'entretenait, elle
savait causer avec elles de leurs occupations, de
leurs goûts, enfin des sujets qui les intéressaient
personnellement.

Le meilleur moyen de plaire, dans le monde, consiste à faire paraître plutôt l'esprit des autres que le sien propre, et à relever avec délicatesse les choses bien dites. Mme Necker a dit : « Faire parler les gens de ce qui les intéresse, c'est le seul moyen d'en tirer parti. »

Un autre principe sérieux à observer, c'est celui de savoir écouter. Peu de gens le mettent en pratique. Marthe avait appris de sa mère qu'il faut laisser la parole à ceux qui ont traversé la plus grande partie de la vie, qui ont vécu et souffert, qui ont beaucoup vu et beaucoup retenu.

Jean-Jacques-Rousseau disait : « Ceux qui savent peu parlent beaucoup, et ceux qui savent beaucoup parlent peu. » Et lord Chesterfield avait coutume de dire à son fils : « Parlez souvent, mais ne parlez pas longtemps ; si vous ne plaisez pas, du moins serez-vous sûr de ne pas ennuyer. »

Marthe naviguait aisément entre ces deux écueils : trop parler et être trop silencieuse. Elle se concilia, pendant cette soirée, la sympathie de tous les amis de ses cousins Barville, et le lendemain, lorsqu'elle prit congé d'eux, ils félicitèrent la mère de Raymond de posséder une telle belle-fille.

CHAPITRE XXI

Ce fut vers Forges que se dirigèrent alors les Chamblay. Il fallait laisser à Raymond le temps de chercher un appartement. Le choix n'en était pas aisé.

Pour trouver à la fois un local bon marché et d'une certaine apparence, il est nécessaire de s'éloigner du centre. Il était d'ailleurs dans leur convenance de ne point habiter exactement le même quartier qu'autrefois. Ils trouvèrent ce qu'ils désiraient boulevard Pereire, dans les numéros élevés, au prix de douze cents francs. Pour beaucoup de gens, ce serait une terrible épreuve de se confiner dans un petit appartement après avoir vécu dans un hôtel des plus élégants; il serait inexact de dire qu'ils n'éprouvèrent pas un certain serrement de cœur en pensant à une déchéance aussi sensible; mais les circonstances commandaient. Il fallait se soumettre.

Des trois membres de la famille Chamblay, le moins résigné était Raymond. Celui-ci se sentait en quelque sorte responsable du désastre qu'il

n'avait pu conjurer. Mme Chamblay gardait, au
milieu de ces douloureux événements, une sérénité inaltérable. Elle avait en Marthe une confiance absolue, et s'en remettait à elle pour
toutes les dispositions à prendre. Il ne s'agissait
plus, comme quelques années auparavant, d'une
brillante installation, mais au contraire d'une
organisation simple. C'est en ce cas que le goût
supplée à la richesse; dans un mobilier dont le
luxe est banni, la grâce de l'arrangement est
tout.

Marthe alla voir l'appartement et prit ses mesures ; puis, combinant avec le tapissier—auquel
elle avait confié ses meubles de l'hôtel Rembrandt — la manière d'organiser sa nouvelle
demeure, elle acheta des étoffes qu'elle emporta
à Forges, dans l'intention de confectionner elle-
même les rideaux de sa chambre et de celle de sa
belle-mère.

Une bonne ménagère qui sait manier habilement l'aiguille, détail si important dans l'éducation d'une femme[1], peut réaliser dans son intérieur de grandes économies. Au temps de sa
prospérité, la jeune Mme Chamblay avait fait
l'acquisition d'une machine à coudre. Aidée de

---

1. La vertu qui convient aux mères de famille, c'est d'être la
première à manier l'aiguille (Ponsard).

Françoise, elle prépara les tentures de cretonne qui devaient orner le nouvel appartement. Rassemblant tous les objets de prix qu'elle avait conservés et qui provenaient de divers dons faits par sa famille et ses amis, ainsi que ceux des meubles du hall rapportés d'Orient par son mari, elle en composa le mobilier de son salon — pièce qu'elle tenait à rendre aussi élégante que le lui permettait sa position actuelle — les autres parties du logis ne devant pas être exposées au jugement du public.

Ce salon, qui n'avait pas les proportions du hall, était encore très bien décoré avec les débris de l'ameublement d'autrefois. Le piano de Marthe, les divans orientaux, les tables, les sièges divers et les différents objets d'art qu'elle avait conservés, constituaient un ensemble élégant et harmonieux. Avec son goût sûr, elle fit disposer ses meubles d'une façon originale et pleine de cachet.

La chambre à coucher, qui devait être en même temps celle de Raymond, était des plus simples. Tendue de cretonne à fleurs, avec deux lits jumeaux à housse de cretonne, des fauteuils de même étoffe, la table à ouvrage et le chiffonnier que la jeune femme avait sauvés du naufrage, cette pièce offrait un aspect frais et riant.

Pour la salle à manger, Mme Chamblay avait acheté des rideaux de prix modéré. Elle avait fait à Forges des trouvailles de vieux meubles qui, réparés, devaient former un mobilier de salle à manger très convenable. La belle-mère de Marthe avait choisi pour elle une perse de couleur claire. Quant à l'antichambre, elle était tendue d'andrinople et garnie des panoplies de Raymond.

Tout était terminé en novembre et les Chamblay purent s'installer dès les premiers jours de décembre.

Une vie différente commença pour Marthe. Tant qu'elle s'était trouvée loin de Paris et de ses amies, elle ne s'était pas sentie aux prises avec les difficultés que lui créait sa position actuelle. Il n'y avait plus moyen d'atermoyer.

Pendant le laps de temps qui s'était écoulé depuis son départ, plusieurs points s'étaient éclaircis dans les affaires de son mari. Il avait pu continuer certaines opérations sur lesquelles il fondait quelque espoir.

Il s'agissait donc surtout de parer au moment présent. Marthe s'y employa avec vaillance. La petite bonne qu'elle avait ramenée de Forges était une cuisinière bien incomplète, et elle se voyait très souvent forcée de mettre *la main à la pâte.* Il lui avait fallu également la former au service, car rien ne ressemble moins à un appartement de Paris qu'un logement meublé à la campagne. Claudie ouvrait de grands yeux en voyant tous ces menus objets élégants rassemblés dans la pièce de réception. Sans la charger du soin d'essuyer ces objets auxquels elle tenait beaucoup, Marthe, pour le cas où une circonstance imprévue la forcerait à lui confier cette mission, la laissait assister à cette occupation, qu'une maîtresse de maison fait toujours bien de se réserver.

Elle lui avait donné pour règle de laver les carreaux de l'appartement tous les huit jours, le lundi. Quoique le ménage fût soigneusement fait journellement, chaque pièce se faisait à fond une fois par semaine. Ainsi que cela se pratique dans toutes les maisons, le samedi était réservé au nettoyage de la cuisine.

Une partie du linge avait dû rester à Vauglard pour servir aux locataires de la propriété. Marthe n'en était qu'à moitié fâchée, car il lui eût été bien difficile de caser dans son petit appartement les piles de draps et de serviettes qui venaient de son trousseau et de l'héritage de sa mère. Dans le cabinet de toilette qui attenait à sa chambre à coucher, elle avait fait faire une grande armoire qui contenait le linge courant. D'autres armoires avaient été commandées par elle et occupaient tout le mur du couloir. Celles-là étaient destinées au linge de réserve et aux vêtements.

Toutes les chambres devaient être faites avant le second déjeuner. Mᵐᵉ Chamblay ayant conservé l'habitude de se lever de grand matin — chose indispensable pour toute femme qui veut avoir une maison bien tenue — dirigeait Claudie et l'aidait dans les choses délicates de l'intérieur. Lorsque Raymond rentrait pour l'heure du déjeuner, il trouvait tout en ordre, le couvert dressé, le repas servi et sa femme gracieusement parée pour le recevoir ; car Marthe n'entendait pas que les soins de la vie domestique lui fissent oublier ceux que se doit une femme habituée à l'élégance [1].

L'élégance est chose relevée qui tient à l'âme et au sentiment de l'idéal, a dit Mᵐᵉ de Gasparin.

Sans embarras, discrètement, Marthe s'occu-

---

1. Voici ce que pensait Mᵐᵉ Roland à ce sujet : « J'ai vu, écrivait-elle, ce qu'on appelle de bonnes femmes de ménage, insupportables au monde et même à leur mari par une précaution fatigante de leurs petites affaires. Je ne connais rien de si propre à rendre un homme épris de toute autre que sa femme : elle doit lui paraître fort bonne pour sa gouvernante, mais non lui ôter l'envie de chercher ailleurs des agréments. Je veux

pait de ses travaux domestiques pendant l'absence de son mari, afin d'être toute à lui dès son retour. Elle désirait qu'il s'aperçût le moins possible des réformes qu'elle se voyait obligée de faire dans leur vie courante, et mettait son amour-propre et sa gloire à parer coquettement son intérieur. Si les repas étaient plus simples, la table n'en était pas moins mise avec recherche et toujours ornée de fleurs et les mets toujours soignés et appétissants.

D'un commun accord, on se taisait sur la question qui préoccupait si vivement ces trois êtres, également courageux et résignés. On parlait de tout, excepté de cela. Ce grave sujet était réservé pour le tête-à-tête des deux époux. Raymond confiait à sa femme ses déboires et ses craintes aussi bien que ses espérances. Elle le soutenait, le consolait selon les circonstances et toujours, après ces entretiens, le jeune homme se sentait réconforté.

Marthe s'était enfin décidée à faire savoir son retour ; elle avait entrepris la série de ses visites.

qu'une femme tienne ou fasse tenir en bon état le linge et les hardes, ordonne ou fasse sa cuisine, sans en parler et avec une liberté d'esprit, une distribution de ses moments qui lui laissent la faculté de causer d'autre chose et de plaire enfin par son humeur comme par les grâces de son sexe. Ces fameuses ménagères, toujours citant leurs travaux, en laissent beaucoup en arrière, en les rendant pénibles pour chacun..... »

17

C'était là vraiment que commençait pour elle
l'épreuve. Pour tous ceux qui la connaissaient,
il y avait une énigme à déchiffrer. Il était impossible, malgré toutes les précautions prises,
que l'on ne s'aperçût pas des graves modifica-
tions opérées dans le train de maison de Mme Chamblay. Cette femme qui, l'hiver précédent, donnait
en quelque sorte le ton à tout son entourage,
dont l'hôtel était cité comme une merveille de
luxe et de goût, cette femme chez qui chacun
briguait l'honneur d'être reçu, tout d'un coup,
sans cause apparente, désertait à l'apogée de ses
triomphes et se mettait à l'écart.

Les réflexions que pouvaient se faire les vrais
amis et les simples connaissances, Marthe ne les
pressentait que trop. Ceux qui l'aimaient véritablement ne lui demanderaient rien. L'amitié
sincère est toujours discrète. Ce qu'elle craignait,
c'étaient les questions indirectes, les allusions à
mots couverts, enfin les coups d'épingle de ses
prétendues amies. Il lui fallait dissimuler son
embarras, ses souffrances d'amour-propre, sous
une apparence de gaieté, ou tout au moins de
sérénité. Le cœur lui manqua lorsqu'elle se vit
obligée de rendre visite à Germaine Delaze, dans
l'hôtel de la rue Rembrandt, où elle avait passé
de si heureuses et de si brillantes années.

Elle se soumit pourtant à cette dure nécessité. Ce fut avec un front calme qu'elle aborda Germaine, dans ce salon Renaissance qu'elle s'était plu à meubler avec tant de plaisir. Rien n'était resté à sa place ; avec sa vanité ordinaire, Mme Delaze avait voulu opérer des changements afin qu'il ne fût pas dit qu'elle adoptait les idées de Marthe ; mais, au fond, les meubles et les tentures étaient les mêmes, et la pauvre jeune femme ne put s'empêcher, en revoyant tout cela, de revivre le passé.

Dans sa toilette, ou plutôt dans son costume Henri II, Germaine ressemblait exactement à une gravure du temps. Elle eut un sourire de satisfaction à l'arrivée de Mme Chamblay, qui, en entrant, se trouva au milieu d'une demi-douzaine de dames.

Parmi ces personnes il s'en trouvait deux ou trois qui connaissaient Marthe. La conversation devint générale et la jeune femme fut mise sur la sellette. Il lui fallut conter par le menu sa vie pendant l'été, les plaisirs de Forges, le traitement qu'elle avait suivi, son excursion à Rouen, son installation à Paris, etc.

Puis, les visiteuses partirent les unes après les autres, et Germaine resta seule avec Mme Chamblay.

Les questions, d'abord banales, devinrent indiscrètes.

Pourquoi avoir été se loger si loin, presque à la campagne? Autant valait s'enterrer tout de suite à Vauglard. Jamais son amie n'avait eu si bonne mine. C'était à jurer qu'elle n'avait jamais été malade.

Et enfin elle lança une dernière pointe :

— Est-ce que cela ne te semble pas drôle de te retrouver ici, au milieu de tous ces objets qui t'ont appartenu, dans ce petit salon où tu trônais au milieu de la cour ? Car tu étais toujours entourée d'une véritable cour.

— Drôle, non, dit Marthe avec un angélique sourire, mais indifférent, oui. Tu sais que je ne m'attache en rien à ces sortes de choses. Mon plaisir, je te l'ai déjà dit peut-être, consiste à organiser pour le seul plaisir de créer à ma fantaisie. Trop heureuse si, en te cédant mon hôtel ainsi installé par moi, j'ai pu t'être agréable.

— Oh ! tu vois, fit Germaine piquée au vif, j'ai tout bouleversé ; cela me paraît beaucoup mieux ainsi.

— C'est très bien, en effet, répondit Marthe en s'efforçant de paraître gaie. Je reste chez moi le samedi, ajouta-t-elle en se levant pour prendre congé ; tu me feras plaisir en venant me voir.

— Certainement, dit Germaine, j'irai admirer
ta nouvelle création.

En sortant de chez Mme Delaze, Marthe poussa
un soupir de soulagement. Le plus rude était fait.
Ses autres amies l'accueillirent avec une véritable joie. Partout on croyait que la jeune femme,
en rentrant à Paris, reprendrait sa vie d'autrefois. Tout le monde s'étonna qu'elle eût choisi
un quartier aussi éloigné. On lui en fit de bien-
veillants reproches. Elle répondit à tous et donna
les mêmes prétextes pour expliquer cette quasi-
retraite : la raison de santé, le calme exigé par
les médecins, l'air pur, etc.

Malgré sa résolution bien prise de n'accepter
que très peu d'invitations, Marthe fut forcément
entraînée à sortir plus souvent qu'elle ne l'aurait
voulu. Elle inventait des excuses pour se dispenser de la plupart des dîners qu'il lui aurait
fallu rendre. Pourtant elle ne pouvait toujours
refuser. La question de toilette n'était pas pour
elle un obstacle absolu ; elle possédait le fonds
d'une garde-robe élégante, et pouvait, en remet-
tant à la mode ses costumes de l'année précédente, se présenter dans le monde sans déchoir.
Naturellement adroite, elle se rappela les leçons
que sa mère lui avait fait donner et se mit à
confectionner elle-même ses toilettes. Souvent

elle achevait sa robe au moment de sortir, pour
n'avoir pas voulu négliger ses autres occupations [1].

Ce fut encore pour Marthe une occasion de
bénir la mémoire de sa mère et l'éducation qu'elle
lui avait donnée. Même au temps de sa prospérité, la jeune femme ne dédaignait pas de s'occuper à des choses utiles. Le goût lui en était
resté; aussi remplissait-elle sans effort ce nouveau devoir qui lui était imposé par les circonstances présentes.

1. Une véritable femme d'intérieur doit savoir manier habilement l'aiguille; non seulement pour son usage personnel,
mais encore pour celui de sa famille : l'entretien des vêtements
et du linge de la maison appartient exclusivement à la ménagère. La couture est d'ailleurs un travail amusant pour une
personne qui en a l'habitude; on éprouve un véritable plaisir
quand on a confectionné ou remis soi-même en état une pièce
de linge ou un vêtement. Ce plaisir est plus vif que ne pour-
raient le supposer les femmes qui n'emploient leur adresse
qu'à des futilités.

CHAPITRE XXII

DIFFICULTÉS DE FAMILLE.

Dans le courant du mois de janvier, Mme Chamblay mère tomba malade. De violents accès de fièvre avaient mis ses jours en danger et donné pendant quelque temps de graves inquiétudes à ses enfants. Elle se remit pourtant, grâce aux soins dévoués de Marthe. Il lui resta comme une sorte d'inquiétude nerveuse et une susceptibilité qui vinrent compliquer encore la situation déjà difficile.

C'était toujours au demeurant une excellente femme qui aimait beaucoup sa bru — qui l'aimait trop, peut-être — car elle ne voulait plus lui laisser la moindre liberté. Si Marthe sortait et qu'elle rentrât en retard, elle trouvait sa belle-mère anxieusement penchée à la fenêtre pour guetter son retour. Elle la suivait partout, et lorsque la jeune femme s'installait, soit pour travailler à l'aiguille, soit pour lire ou écrire, Mme Chamblay mère s'asseyait en face d'elle et suivait des yeux tous ses mouvements. Son tricot même, son cher tricot, était délaissé.

La pauvre vieille dame ne pouvait plus rester
seule, elle éprouvait un besoin absolu de la société
de Marthe et imposait sa présence avec une
inexorable rigueur. Ce fardeau était d'autant plus
lourd à supporter que les proportions de l'appartement rendaient l'isolement moins facile. On se
tenait généralement dans le salon et Marthe ne
se sentait pas le courage d'affliger sa belle-mère
en se retirant dans sa chambre. Si encore les exigences de Mᵐᵉ Chamblay eussent été absolument
passives, la jeune femme en eût pris plus facilement son parti ; mais les reproches, les plaintes
ne lui étaient pas épargnées.

Quoi qu'elle fît pour cacher à Raymond la disposition d'humeur de sa mère, celui-ci ne s'en
apercevait que trop. Il souffrait pour sa femme
d'un état de choses auquel il ne pouvait remé-
dier. La nervosité de sa mère tenait à l'âge et à
la faiblesse de santé de cette dernière. Il n'y avait
pas d'espoir que cela s'améliorât dans l'avenir,
il n'y avait donc qu'à s'armer de patience. Raymond était trop bon fils, il était d'ailleurs trop
souvent absent de la maison pour ne pas accepter
cette nouvelle peine avec résignation. Sa femme
seule l'inquiétait. Si courageuse, si bonne qu'elle
fût, tant de coups réitérés ne la feraient-ils pas
fléchir ? Résisterait-elle à ce surcroît de tour-

ments? Loin de se plaindre, la pauvre enfant le rassurait sur cet état maladif, qui, selon elle, ne pouvait durer.

Pour comble d'ennui, Raymond se vit obligé de s'absenter pendant quelque temps. Il s'agissait d'installer un nouveau système d'éclairage électrique dans une grande fabrique de Marseille, où il avait des intérêts. Malgré son inquiétude, il ne pouvait se dispenser de ce voyage. Il fit promettre à Marthe de lui donner tous les jours des nouvelles de sa mère.

A peine fut-il parti, que la vie devint presque impossible pour la jeune femme. Sa belle-mère ne la quittait pas plus que son ombre. C'était une véritable obsession pour Marthe, qui, en dépit de son héroïque patience, se sentait chanceler. Si cette épreuve n'eût été que passagère encore! mais elle pouvait durer des années.

Mᵐᵉ Chamblay ne se bornait point seulement à imposer sa présence, elle trouvait encore à redire sur tout. Sa santé se raffermissait chaque jour, son esprit seul s'affaiblissait, et à mesure qu'il s'affaiblissait elle devenait de plus en plus tracassière. Faisait-on du feu dans la salle à manger, elle se plaignait d'étouffer; si l'on oubliait d'allumer, elle se plaignait de grelotter.

Un jour où il faisait encore clair au moment de

se mettre à table, mais où cependant la clarté du
jour n'aurait pas suffi pour tout le temps du
dîner, Marthe avait donné l'ordre de fermer les
persiennes et les rideaux et d'allumer la lampe
avant de servir. Mme Chamblay fit observer que
cette manière de tuer le jour était aussi inutile
que peu économique. Marthe répondit avec douceur qu'il est disgracieux d'allumer au milieu d'un
repas ; que cette transition du jour à la lumière,
au moment où l'on se met à table, est d'un bon
effet ; que le service d'une table est toujours plus
agréable à la lumière qu'au jour ; et que, d'ailleurs, comme dépense, il importe peu d'allumer
un quart d'heure plus tôt ou plus tard.

Pourtant, malgré les arguments pleins de sens
que la jeune femme donnait à sa belle-mère, elle
n'en était pas moins obligée de céder à ses exigences, qui se renouvelaient à tous les instants.

Même le samedi, jour où elle recevait, Marthe
n'était pas exempte de la société de la vieille
dame. Installée dans son grand fauteuil, elle
suivait avec plus ou moins d'attention la conversation des visiteurs, et si elle y plaçait quelques
mots, on pouvait être certain que c'était pour
faire une remarque désobligeante.

Quelques personnes pourtant avaient le don
de la faire fuir, c'étaient, entre autres, Jacqueline

de Moissart et Germaine Delaze, ainsi que le mari de celle-ci.

Quoique les hommes généralement se dispensent de rendre des visites, M. Delaze venait assez souvent aux samedis de Marthe. Depuis que Raymond était parti, il s'était déjà présenté deux fois ; et cette assiduité surprenait un peu la jeune femm e.

Un jour cependant elle dut se départir de son amabilité ordinaire et regretter pour la première fois que l'antipathie de sa belle-mère éloignât cette dernière pour un moment de son salon. Il était six heures ; les dernières visiteuses venaient de partir ; M. Delaze se trouvait seul avec Marthe. Après avoir épuisé les sujets divers qui alimentent les conversations mondaines, M. Delaze devint plus intime. Il commença par se plaindre, à mots couverts, de la différence de goûts qui existait entre Germaine et lui ; il déplora la façon irréfléchie dont se concluent les unions, et les regrets que fait naître plus tard la rencontre de l'idéal que l'on avait rêvé ; il dépeignit dans des termes persuasifs et éloquents ses tristesses et ses mécomptes, invoquant l'amitié de celle qui l'écoutait et qui pourrait, si elle le voulait, porter remède à ses blessures.

Cette déclaration, à laquelle Marthe ne pouvait

se méprendre, fut faite avec mesure et habileté.
Pour être notaire, M. Delaze n'en était pas moins
bon comédien. D'aspect froid et sévère, il sut
assouplir ses manières naturellement rigides et,
adoucissant sa voix, il prit un ton pénétré pour
attendrir celle à qui il voulait plaire.

Pendant cette harangue, Marthe passa de
l'étonnement à l'embarras et de l'embarras à
l'indignation. Offensée dans sa pudeur, sa première pensée fut de chasser l'insolent qui lui
manquait ainsi de respect. Mais elle recouvra
assez vite son sang-froid pour se dire qu'une
telle attitude amènerait une rupture dont il lui
faudrait expliquer la cause à son mari. D'ailleurs,
si la pensée de M. Delaze était claire, ses paroles
étaient assez ambiguës pour qu'elle pût avoir l'air
de se méprendre sur leur véritable sens.

— Il n'était pas nécessaire, monsieur, d'invo-
quer une amitié qui est tout acquise au mari de
Germaine, dit-elle d'un ton glacial. Quant aux
petites imperfections que vous reprochez à votre
femme, il serait peut-être plus charitable de les
taire et de les supporter avec patience. En tout
cas, vous devez comprendre que ce sujet me soit
pénible à discuter, et je vous serais reconnais-
sante de vouloir bien m'épargner à l'avenir ces
tristes confidences.

On ne sait ce qu'aurait répondu M. Delaze à
cette leçon si vertement donnée, car au même
instant la porte s'ouvrit devant une nouvelle
visiteuse. C'était Jacqueline de Moissart. Elle
entra en coup de vent, comme à son ordinaire,
et, tout en saluant d'un léger mouvement de tête
M. Delaze, qui s'était levé, elle s'écria :

— Peux-tu me donner à dîner, ce soir? Si oui,
je renvoie ma voiture. Si non, je pars tout de suite.

Avant que Marthe eût eu le temps de répondre,
M. Delaze s'était incliné devant les deux jeunes
femmes et s'était retiré.

« Je me suis fait un ennemi, » pensa Marthe
en le voyant sortir, et tout haut :

— Certes, je te garde, ma chère Jacqueline,
dit-elle gaiement ; il y a si longtemps que je ne
t'ai vue. Tu sais que Raymond est absent ; nous
aurons donc toute notre soirée pour causer à
notre aise.

— Cela se trouve d'autant mieux, répondit
Mme de Moissart, que j'ai à te parler confiden-
tiellement.

Mme Chamblay regarda avec surprise le visage
un peu soucieux de son amie.

— De quoi s'agit-il, ma chérie? demanda-t-elle
avec intérêt. Est-ce quelque chose de vraiment
sérieux?

— Absolument, fit Jacqueline d'un air de gravité qui contrastait avec l'expression mutine de sa physionomie. Je veux divorcer, voilà tout. Mais nous n'avons pas le temps d'entamer ce chapitre avant le dîner. Ta belle-mère est toujours de ce monde, n'est-ce pas ? Je la scandaliserais.

Le dîner ne dura pas très longtemps. Mme de Moissart était, on le sait, la bête noire de Mme Chamblay. Aussi, à peine eut-elle avalé la dernière bouchée, qu'elle se retira dans sa chambre.

Les deux amies passèrent au salon. Un feu doux chauffait cette pièce éclairée par une lampe dont l'abat-jour rose jetait une lueur pâle sur les objets environnants.

— Comme on est bien ici ! dit Jacqueline en se laissant tomber dans un des fauteuils qui se trouvaient auprès de la cheminée. Je ne sais pas comment tu fais, mais je n'ai jamais rencontré nulle part un *home* qui me plaise autant que le tien. Tout est harmonieux chez toi, charmant, et puis c'est chaud moralement, et ça a l'air habité. On sent, continua la jeune femme avec un soupir, qu'il y a là des êtres qui pensent, qui vivent, qui aiment...

— Voyons, ma chérie, dit Marthe en prenant affectueusement les deux mains de son amie,

qu'y a-t-il donc de nouveau? Que t'arrive-t-il?
Pourquoi ce projet extravagant? Vient-il de toi
ou de ton mari?

— De moi, de moi seule, dit Jacqueline avec
véhémence. Pourquoi Philibert demanderait-il le
divorce? Est-ce que je le gêne dans son existence
d'homme de plaisir? Mais moi, j'ai assez de la
vie qu'il me fait et je veux recouvrer ma liberté.

— Qu'est-ce que tu en feras, pauvre enfant, de
ta liberté? Et ton fils?

— Oui, mon fils, toujours mon fils, je m'at-
tendais à cela. Je n'ai pas oublié tes conseils, tes
leçons; j'ai essayé de me résigner; j'ai fait la
charité; j'ai bercé mon fils; je l'aime bien, ce
petit, mais, en vérité, cela ne suffit pas à remplir
la vie d'une femme comme moi.

— Ma pauvre amie, je comprends ton chagrin,
étant donnée ta situation. Mais ton idée de
divorcer me paraît terrifiante. As-tu réfléchi aux
conséquences d'un divorce? Que deviendras-tu?
Que deviendra ton enfant? Resteras-tu seule?
Alors la vie te sera-t-elle plus douce et plus
facile? Tu es jeune et charmante. Quelle position
fausse te créeras-tu! Et combien la malignité
publique t'épargnera peu! Iras-tu chez ta mère?
Alors tu te soumettras comme une jeune fille au
joug de la famille! Te remarieras-tu? Alors tu

exposeras ton fils à l'inimitié, aux mauvais traitements d'un nouveau père[1]?

Jacqueline, tête baissée, écoutait ces paroles
dites d'une voix émue et qui la touchaient au cœur.

— Et je ne te parle là que des questions
sociales. Je t'ai connu des sentiments religieux.
Les as-tu donc refoulés alors qu'ils te seraient
maintenant si nécessaires?...

— Mes sentiments n'ont pas changé, au fond,
mais je suis à bout de patience, ma bonne
Marthe. Être enchaînée toute ma vie à cet homme,
qui non seulement est l'esclave de ses passions,
mais encore le despote le plus quinteux! C'est

---

1. « Le divorce est un mal qui retentit douloureusement dans
les familles et dans la société. Il outrage le lien du sang qui
unit l'enfant à ses générateurs; et, ne pouvant le briser parce
que la nature l'a fait indissoluble, il en répudie les saintes
obligations. Il arrache les enfants du lieu de leur naissance,
les transplante sur une terre étrangère et les expose aux anti-
pathies, aux rebuts, aux mauvais traitements de nouveaux
pères ou de nouvelles mères qui ne leur doivent rien. Il jette
dans les jeunes cœurs où devaient germer le respect et l'amour
des semences de mépris et de haine. Celui-ci, prenant le parti
d'une mère injustement abandonnée, celui-là, le parti d'un
père trahi. . . . .
. . . .

« Le divorce supprime l'effort et le progrès dans la vie commune. En effet, au lieu que l'indissolubilité grandit la vie morale en obligeant l'homme à de généreux efforts pour corriger
sa nature et supporter vaillamment les accidents de la vie
commune, le divorce l'abaisse parce qu'il n'oblige à rien et
qu'il laisse à l'égoïsme et aux caprices toutes leurs franchises.

absurde autant qu'odieux. Philibert est dévoré
par l'ennui, le cigare, le club, les femmes. Je suis
exaspérée, vois-tu, et il faut que cela finisse, sans
quoi je ne réponds plus de rien...

— Calme-toi, ma pauvre enfant, dit Marthe,
qui attira à elle d'un geste maternel la tête blonde
de sa cousine ; reprends courage, je t'en conjure. Tu es malheureuse, certes, et je te plains
de tout mon cœur d'être unie à un homme de la
nature de Philibert ; mais enfin, tu es sa femme,
tu t'es liée à lui par un serment sacré fait devant
Dieu, qui seul pourrait t'en relever. Et puis, ma
pauvre amie, es-tu bien sûre d'avoir fait tout ce
qui était en ton pouvoir pour ramener ton mari
ou même pour te l'attacher ? La douceur, la tendresse, l'amabilité, peuvent triompher enfin des
caractères difficiles et des passions fâcheuses.
Cet espoir seul suffirait, à mon avis, pour relever le courage le plus abattu[1].

Pour être aimable, doux, bienveillant, prévenant, il faut s'en
donner la peine. Mais pourquoi s'efforcer et se contraindre ?
on ne craint pas de froisser ceux dont on veut se débarrasser.
Cette perspective permet à tous les défauts un sang-gêne qui
les jette les uns contre les autres. On se choque, on se meur-
trit, on se déchire, jusqu'à ce qu'on puisse dire : La vie devient
insupportable, allons-nous-en. Et voilà comment, l'homme et
la femme qui pouvaient être si grands et si nobles sous la loi
d'indissolubilité s'amoindrissent et se dégradent sous la loi du
divorce. » (Le R. P. Monsabré.)

1. « Dans la vie commune, la plus agitée par la contradiction,

18

— Pour avoir du courage, il faut être forte,
gémit la malheureuse Jacqueline, dont les larmes
coulaient sans qu'elle songeât à les essuyer, et je
me sens si faible ! Je suis un pauvre esprit, vois-
tu, je sais ce qui me manque ; je le comprends
depuis que je te vois à l'œuvre, toi si patiente, si
dévouée, si vaillante dans toutes les circonstances difficiles que tu traverses......

— Tais-toi, interrompit Marthe avec vivacité,
je ne suis rien par moi-même ; je ne vaux pas
mieux que toi, au contraire ; je suis ce que ma
mère m'a faite ; je me demande, dans toutes les
occasions où il me faut faire acte de volonté,
comment aurait fait ma mère et je tâche de
m'inspirer de son souvenir. Et puis, Dieu m'a
accordé la grâce de me donner un mari selon mon
cœur, qui m'aime, non de cet amour fragile qui se
laisse prendre aux choses extérieures, au charme
de la jeunesse, mais d'une affection sérieuse qui
résistera, je l'espère, aux ravages du temps.

— Oui, tu es heureuse, soupira Jacqueline,
mais tu mérites de l'être ; tandis que moi je suis
digne du sort qui m'est échu.

— Il est temps encore de réparer le mal, car

il se peut faire qu'un jour, le cœur qui sait attendre et se taire
soit payé de ses peines par le repentir et la tendresse recon-
naissante du cœur qui l'aura fait souffrir. »

il vient plus de ton éducation que de ta nature,
qui est bonne et exquise et qui n'aurait eu besoin
que d'une direction sage pour donner les meilleurs résultats.

— Il est trop tard ; toute application, toute
volonté forte, me sont impossibles.

— Ne crois pas cela, ma chérie ; il faut prier,
et prier avec ferveur Celui de qui vient toute
force : c'est la vertu chrétienne qui, seule, peut
t'aider efficacement à trouver le courage nécessaire pour accomplir ta mission ici-bas. C'est de
la grâce divine qu'il faut attendre le véritable
secours aux misères humaines.

— Mon Dieu ! que faire ? s'écria douloureusement Jacqueline, ébranlée, mais non convaincue.

Marthe continua longtemps sur ce ton maternel qui lui venait tout naturellement lorsqu'elle s'adressait à sa folle cousine. Elle finit
par lui persuader que si elle avait eu à souffrir,
elle avait sans doute fait souffrir elle-même, et
que dans la vie à deux, plus que partout ailleurs,
il faut mettre en pratique la maxime : « Porter les
fardeaux les uns des autres. » Elle obtint de Jacqueline un sursis et la promesse qu'elle essayerait
encore une fois de se résigner à la vie conjugale.

CHAPITRE XXIII

SOUCIS D'ARGENT.

Dès les premiers jours de février, une lettre annonça le retour de Raymond. Les affaires qui avaient motivé son absence marchaient au gré de ses désirs. Il revenait avec le projet de fonder une maison d'électricité à Paris. Sur cette affaire, il fondait les plus grandes espérances.

— Vois-tu, disait-il à sa femme, j'ai une idée qui me permettra, je l'espère, de te rendre la vie d'autrefois. Mais, pour réussir dans ce projet, j'ai besoin de ton aide.

— Quel bonheur ! s'écria Marthe toute joyeuse, est-il possible que je puisse t'être utile ? Que faut-il que je fasse ?

— Voici : pour monter une maison importante, il me faut une commandite. Grâce à toi, on ne se doute pas de notre situation. Les Delaze n'ont-ils aucun soupçon de la vérité ?

— Aucun, j'en suis persuadée, répondit Marthe sans savoir où son mari voulait en venir.

— C'est parfait, alors, je suis sauvé, et c'est toi qui me sauves.

— Comment cela ?

— M. Delaze seul peut trouver ce qu'il me faut, mais je ne saurais le lui demander moi-même.

— Pourquoi ?

— Parce que je ne veux pas être refusé et que je veux, avant de tenter une démarche auprès de lui, connaître ses dispositions. La mission dont je voudrais te charger est donc celle-ci : voir Germaine, qui est ton amie d'enfance et avec laquelle tu peux parler librement ; sonder le terrain avec adresse et tâcher de savoir si nous pourrions compter sur le concours de son mari.

Le visage sincère de Marthe se troubla si visiblement, que Raymond ne put s'empêcher de le remarquer.

— Est-ce que ce projet a quelque chose qui te contrarie ? demanda-t-il.

— Un peu, je l'avoue. Nous ne sommes pas, Germaine et moi, dans des termes d'amitié bien vive ; elle ne m'a jamais témoigné une réelle sympathie, et il me paraît difficile de réussir à apprendre d'elle ce que tu désires savoir.

Une contrariété évidente se peignit sur les traits de M. Chamblay.

— Il faut savoir mettre de côté, ma chère enfant, les petites susceptibilités féminines lorsqu'il s'agit de choses graves. Si je pouvais t'épargner cette démarche, que tu sembles trouver pénible je ne sais trop pourquoi, je le ferais, n'en doute pas. Mais tu dois comprendre que, dans ma position, toute fausse démarche est un échec qui a de l'importance. Il faut donc, malgré tes répugnances, que tu fasses visite à Mme Delaze et que tu obtiennes d'elle le renseignement qui m'est nécessaire.

Le ton avec lequel parlait Raymond n'admettait pas de réplique. Il fut donc convenu que Marthe irait trouver son amie dès le lendemain, qui était le jour de celle-ci, et qu'elle se présenterait à l'heure à laquelle s'en allaient d'ordinaire les derniers visiteurs.

La perspective de ce qu'elle avait à tenter attrista singulièrement la pauvre femme. Si son mari eût pu deviner la véritable cause de son hésitation, il eût certainement renoncé à un projet sur lequel il comptait si fort; mais il était bien loin de se douter de la vérité, et il insista tellement, que Marthe se décida à partir.

Lorsqu'elle arriva le lendemain, vers six heures et demie, à l'hôtel de la rue Rembrandt, elle trouva Germaine seule. Rassemblant son courage, et puisant toute sa force dans son désir de contenter son mari, elle causa d'abord avec une indifférence affectée sur divers sujets, puis, par une habile transition, elle amena l'entretien sur le terrain voulu. Germaine écouta attentivement les paroles de Marthe. Les questions d'argent l'intéressaient toujours. De plus, elle voyait dans cette sorte d'affaire un rôle à jouer qui lui donnerait de l'importance.

— Veux-tu que j'en parle tout de suite à mon mari? demanda-t-elle d'un ton protecteur.

Malgré sa crainte de paraître inconséquente aux yeux de Germaine, Marthe refusa.

— Non, non, dit-elle vivement, il vaut mieux que tu causes avec lui à loisir de cette affaire.

— Mais pourquoi donc? insista Mᵐᵉ Delaze, mon mari est là, il faut en profiter.

Et elle ouvrit la porte qui conduisait au cabinet du notaire.

Au même moment, le domestique annonça une visite, — car, chez Mᵐᵉ Delaze, on avait maintenu l'ancien usage d'annoncer.

Germaine salua la nouvelle arrivée et, avant de la rejoindre, elle poussa Mᵐᵉ Chamblay en riant dans le bureau de M. Delaze, dont elle referma la porte sur elle.

M. Delaze était assis devant un monceau de papiers qu'il feuilletait avec attention. Au bruit que fit la porte en s'ouvrant, il leva la tête. Son

visage, ordinairement froid, exprima un si grand
étonnement, que Marthe en fut profondément dé-
contenancée. Il se leva aussitôt, et du ton le plus
correct il fit asseoir Marthe, en lui demandant à
quel heureux hasard il devait attribuer l'honneur
de sa visite.

Par un violent effort sur elle-même, Marthe
reprit son sang-froid. Avec l'aisance de la femme
du monde, elle expliqua la violence qui venait de
lui être faite par son amie, et, sans compromettre
Raymond, elle exposa la cause qui avait amené
cet incident. Délicatement, elle toucha aux questions d'intérêt, faisant comprendre nettement ce
dont il s'agissait, et se réserva un expédient en
cas de défaite.

Soit que le notaire s'attendît à tout autre com-
munication, soit que les ouvertures qui lui étaient
faites ne lui convinssent pas, il prit un air pincé,
dont la pauvre Marthe n'augura rien de bon. En
effet, M. Delaze ne dissimula point sa mauvaise
volonté à s'occuper de cette affaire. Les maisons
de cet ordre pullulaient, les capitaux étaient rares,
la confiance qu'inspiraient ces sortes d'opérations
était bien ébranlée, etc., etc.

Il n'y avait pas à s'y tromper, c'était une fin de
non-recevoir. Mme Chamblay était dans une position qui ne lui permettait pas d'insister. Elle

abandonna donc la partie avec un calme apparent, et, se levant, elle dit :

— Pardonnez-moi, monsieur, ou plutôt, pardonnez à Germaine ma visite importune. Vous êtes si occupé, que je regrette infiniment de vous avoir fait perdre un temps précieux.

— Un mot, madame, de grâce, avant de partir, dit M. Delaze. Est-ce vous qui avez eu l'idée de venir me trouver, ou est-ce votre mari qui vous a envoyée ?

Marthe ne put se défendre de rougir.

— Rien n'a été concerté entre nous, monsieur, répondit-elle avec un peu d'embarras, je suis au courant des affaires de mon mari et j'en causais en amie avec Germaine, lorsqu'elle m'a forcée d'entrer chez vous.

— Puisque vous êtes au courant des affaires de votre mari, madame, reprit froidement M. Delaze, vous ne devez pas ignorer que son crédit est ébranlé, et que, pour faire réussir l'opération que vous êtes venue me proposer, il me faudrait pour mobile un intérêt personnel.

— Je ne comprends pas...

— Je vais donc m'expliquer d'un mot : si c'est à vous, madame, qu'il s'agit de rendre service, je suis prêt à le faire, vous le savez. Pour vous épargner un souci, que ne ferais-je pas ! ajouta

M. Delaze, en plongeant son regard dans celui
de la jeune femme. Si, au contraire, cette affaire
est purement commerciale, je me récuse.

— C'est assez, monsieur, dit Marthe, qui avait
tour à tour rougi et pâli. Il est inutile de continuer ; votre refus me laisse le regret d'avoir entretenu Germaine de choses auxquelles vous ne
pouvez vous intéresser.

Et la jeune femme, saluant d'une légère incli-
naison de tête, ouvrit la porte qui communiquait
dans le salon et alla prendre congé de Mme Delaze.

Il était temps qu'elle partît, elle avait besoin de
se retrouver seule. Cette longue contrainte qu'elle
s'était imposée l'étouffait. Écœurée, honteuse de
ce brutal hommage, elle prenait le monde en dé-
goût. L'intérêt, la convoitise, les passions, voilà
ce qui faisait agir les hommes !

Elle revint à pied, marchant vite, le front
exposé au vent froid qui, peu à peu, calmait son
agitation. En arrivant chez elle, elle fit part à son
mari du résultat de son entrevue avec M. Delaze,
sans lui dire, toutefois, la cause offensante du
refus du notaire. Ce refus parut contrarier vivement Raymond, mais il se félicita d'avoir agi
avec prudence.

La partie n'était pas complètement perdue tant
qu'on ignorait le mauvais état de ses affaires.

Qu'on en eût un vague soupçon, il ne pouvait se le dissimuler ; mais il lui restait encore un espoir de réussir à trouver les capitaux nécessaires. Pour cela, il s'adresserait à un de ses anciens camarades d'école, qu'il avait perdu de vue depuis quelques années et qui résidait en province.

Cette démarche lui coûtait infiniment, en ce sens que cet ami avait horreur de tout ce qui touchait aux questions industrielles. S'il obtenait une partie de la somme qui lui était nécessaire, il pourrait toujours commencer sur une plus petite échelle. Tout bien pesé, il se décida à écrire à son ancien camarade.

La réponse ne se fit pas attendre. Elle était négative, quoique entourée de toutes les meilleures raisons qui pouvaient en adoucir l'amertume. Force fut donc à M. Chamblay de renoncer à son projet et de continuer les opérations secondaires dont il s'occupait depuis son désastre financier. Son humeur s'en ressentait ; malgré ses efforts pour paraître calme, il ne réussissait pas à dissimuler les tourments qui l'agitaient. Il souffrait dans son amour-propre, dans sa dignité d'homme et de mari, en voyant sa femme, devenue une simple ménagère, renoncer peu à peu au luxe qui l'entourait jadis.

Marthe connaissait trop son mari pour ne pas

deviner ce qui se passait dans son esprit. C'était
le seul point qui lui fût sensible dans la perte de
sa fortune, et c'était aussi le seul qu'elle ne pût
aborder avec lui, elle croyait plus prudent de ne
pas paraître s'apercevoir de ses regrets et plus
habile de se montrer satisfaite de son sort.

Elle l'était, en effet. Jamais elle n'avait goûté
avec plus de force les joies intimes du foyer et le
bonheur de se sentir utile à ceux qu'elle aimait.

A force de se dévouer à cette pauvre vieille
femme dont la santé déclinait de jour en jour,
elle s'y était sérieusement attachée. De son côté,
Mᵐᵉ Chamblay lui témoignait une affection re-
connaissante.

Sans avoir renoncé au monde, M. et Mᵐᵉ Chamblay passaient souvent la soirée chez eux. Après
avoir veillé elle-même aux soins du coucher de
sa belle-mère et l'avoir confiée à sa fidèle Françoise, Marthe rejoignait son mari au salon, et
là, soit qu'elle fît de la musique, soit qu'elle
travaillât pendant que Raymond lisait à haute
voix, soit qu'ils s'oubliassent dans quelque causerie intéressante, les heures s'écoulaient douces,
agréables pour tous deux[1].

---

1. La femme qui reste chez elle ne peut qu'être sage ; la
femme qui reste chez elle ne peut qu'être habile à gouverner
sa famille. (Saint Jean Chrysostome.)

Dans cette vie modeste, où le travail était la condition nécessaire du bien-être, la nature distinguée de Marthe se dévoilait tout entière.

Instruite sans être pédante, Marthe n'était étrangère à aucune question artistique ou sociale, mais elle ne donnait son opinion qu'avec réserve; elle était de celles dont on dit qu'elles se font pardonner leur savoir[1].

Peu à peu, le cercle des Chamblay se reforma; moins étendu peut-être, mais plus choisi qu'autrefois. Le salon de Marthe réunit l'élite de la société qui fréquentait l'hôtel Rembrandt; et ces soirées du samedi, dans lesquelles on servait simplement le thé, étaient aussi suivies que celles qu'elle donnait jadis avec les raffinements du service le plus luxueux.

A la fin de l'hiver, Marthe apprit l'heureux événement attendu chez les Barville. Geneviève

---

1. « Grâce à Molière, on s'est, au commencement du siècle précédent, beaucoup moqué des *précieuses*, des *femmes savantes*, et, à quelques points de vue, on avait raison. Mais n'est-il pas évident qu'on aurait dû faire un équitable discernement, et, en se moquant des femmes plus ou moins sottes, comme on s'était peut-être aussi trop moqué des juges et des médecins plus ou moins ridicules, il aurait fallu ne pas envelopper dans une commune raillerie les femmes sérieuses et même les femmes illustres, qui resteront l'honneur incontesté de ce temps. Il aurait fallu distinguer entre les femmes *savantes* et les femmes *studieuses*; il aurait fallu respecter ce qu'il y avait de solide et de profondément honnête dans ces délicatesses et ce goût dé-

était mère d'une belle petite fille. Quelques semaines plus tard, Marthe recevait de son amie la lettre suivante :

« Réjouis-toi, ma bonne Marthe, toutes tes prévisions se sont réalisées, mon existence est absolument transformée. La naissance de ma fille a causé un bonheur si grand autour de moi, que la maison en semble entièrement changée. Une animation, inconnue jusqu'alors, y règne, et de monotone qu'elle était autrefois, elle est devenue vivante et gaie. Ma belle-mère s'agite et me comble d'attentions et de prévenances ; il n'est pas jusqu'à mon beau-père qui ne se pique de me gâter ; je suis comme une nouvelle personne pour eux, car c'est à moi qu'ils doivent la joie d'avoir une héritière. Ils sont tous deux si fiers de leur petite-fille, qu'ils ne peuvent se lasser de l'admirer. Lucien est fou de son Andrée — elle s'appelle Andrée, comme mon beau-père, qui sera son parrain, car, pour rien au monde, notre famille ne dérogerait à l'usage qui veut que, pour le premier-né, la grand'mère maternelle soit marraine et le grand-père paternel

clairé pour les choses de l'esprit ; il fallait surtout ne pas se jeter, comme on le fit plus tard, sous le coup du ridicule, d'un excès dans l'autre ; dans l'ignorance d'abord, à laquelle ce ridicule condamnait ; de l'ignorance dans la futilité et plus tard dans la licence. (Mgr Dupanloup.)

parrain. Quant à moi, je te laisse à penser si
j'adore ce cher baby.

« Tu l'avais bien pressenti, ma chérie. Certes,
je m'habituerai à cette vie de province qui m'avait
d'abord paru si peu attrayante, et, au contraire,
j'éprouve une certaine satisfaction à me dire que,
loin du tourbillon de la vie parisienne, je pourrai
me donner tout entière aux soins de la maternité.
Ma première sortie sera pour me rendre à l'église
et y remercier Dieu du bonheur qu'il m'a donné.
Le baptême ne se fera que dans un mois, afin de
me laisser le temps de me remettre complètement. Je compte, chère amie, que tu y assisteras.
N'es-tu pas ma sœur de choix, comme j'étais l'enfant d'adoption de ton excellente mère ?

« Geneviève BARVILLE. »

En lisant cette lettre, Marthe pleura. Elle était
vraiment heureuse pour l'amie de son enfance,
qu'elle chérissait tendrement, et en même temps
un sentiment de tristesse se glissait, malgré elle,
dans son cœur. Si l'épouse n'avait rien à souhaiter, il manquait à la femme les joies mater-
nelles.

Mais elle se fût reproché d'être ingrate envers
la Providence, en regrettant trop amèrement ce
titre sacré de mère qui lui était refusé. Elle

répondit à Geneviève qu'elle irait au baptême
de son enfant et la félicita sincèrement.

Mais elle ne put réaliser son projet, la santé
de Mme Chamblay s'altéra subitement, et Marthe
dut rester auprès d'elle sans pouvoir la quitter
un seul instant. De l'avis du médecin, cet état ne
pouvait se prolonger longtemps, et un dénoue-
ment fatal était à redouter. En effet, la malade
s'affaiblissait de plus en plus ; mais, ainsi qu'il
arrive parfois lorsqu'on approche de la fin, elle
recouvrait peu à peu sa lucidité d'esprit et cette
philosophie qui était le fond de sa nature. Elle
tournait ses yeux vers le ciel avec la sérénité des
âmes simples et croyantes, et sentait venir la
mort, sans terreur et avec l'espérance de retrouver celui qu'elle n'avait jamais cessé de
regretter.

L'estime qu'elle professait pour Marthe s'était
changée en une tendresse profonde, qu'elle lui
exprimait dans les termes les plus touchants :

— Grâce à vous, ma bien chère enfant, disait-
elle de sa voix devenue à peine intelligible, je
quitte la vie sans appréhension. Mon fils a en
vous, non seulement une femme, mais un ange
gardien.

Les efforts de la science et tous les soins dont
elle était entourée furent impuissants à vaincre

le mal. Mme Chamblay s'éteignit subitement.

Marthe pleura sincèrement sa belle-mère. Malgré tous les froissements, les ennuis qu'amène inévitablement la vie commune, il n'y avait jamais eu entre les deux femmes de dissentiments sérieux, même dans ces derniers temps ; la loyauté de leur caractère, l'élévation de leurs sentiments, les avaient mises à l'abri des mesquineries qui amènent les tiraillements et trop souvent la brouille dans les ménages. Mme Chamblay n'avait jamais eu cette étroite jalousie qu'éprouvent certaines belles-mères contre leurs brus, et qui a pour cause l'affection de leurs fils pour celles-ci.

De son côté, Marthe avait su écarter les discussions irritantes, retenir une riposte trop vive, et supporter la contradiction, en se taisant ou en cédant à une volonté plus opiniâtre que la sienne.

Comme on l'a dit, la patience est pour l'âme une école de perfection morale. En s'assouplissant à la vie commune, Marthe avait acquis cette égalité de caractère qui est un des plus grands charmes de la femme. Elle avait conquis et amolli, pour ainsi dire, la nature un peu rigide de la mère de Raymond.

Les derniers jours de la vie de la vieille dame

furent comme un touchant témoignage de reconnaissance et d'amour maternel pour celle qui s'était dévouée à elle.

Le dévouement porte en lui sa récompense[1].

Ces joies de la conscience, Marthe les avait goûtées durant cette communauté de vie avec sa belle-mère ; et si austère que fût son devoir, surtout dans les derniers temps, elle regretta pourtant de ne plus avoir à le remplir, quand elle s'en trouva affranchie par la mort de Mme Chamblay.

Après tant de jours et tant de nuits passés au chevet de la malade, Marthe, livrée à un repos absolu, trouva la maison un peu vide.

Une réaction s'opéra en elle ; un besoin de mouvement, d'activité, la prit. Elle recommença à sortir et rendit toutes les visites qui lui avaient été faites à l'occasion de la perte qu'elle venait d'éprouver. Une fois de plus, elle eut à remplir sa mission de consolatrice près de son mari, dont la douleur était profonde.

Ce nouveau deuil fit cesser pour un temps les réunions du samedi. Les amis intimes, seuls, continuèrent de venir comme par le passé.

---

1. « Le dévouement est une volupté abstraite, qui donne des joies savourées en secret que personne ne soupçonne. Il en est ainsi de toutes les vertus pratiquées dans l'ombre, et dont les satisfactions intimes sont le prix. » (Balzac.)

Jacques Dornand, arrivé depuis peu de Constantinople, reprit son ancienne habitude de passer fréquemment la soirée chez M. et Mme Chamblay. Il était toujours le même homme, parfois affectueux, puis froid, sec, cassant sans raison. Il revenait avec des documents, des souvenirs qu'il avait hâte de communiquer à ses amis; il parlait avec la volubilité d'un esprit impatient de répandre autour de lui les observations, les découvertes faites en voyage.

— Il me passe quelquefois par la tête d'écrire ce que je vous raconte là, disait-il à Marthe et à Raymond, qui l'écoutaient avec intérêt: pensez-vous que mon livre aurait quelque chance de succès ?

Puis, sans attendre leur réponse:

— Ah ! j'ai oublié de vous dire que je vais sans doute me marier. Cela vous étonne, madame, dit-il en s'adressant à la jeune femme; mais que voulez-vous, il faut bien faire une fin.

Cette dernière saillie les fit rire.

— Vous ne me croyez pas sérieux, ajouta-t-il; mais je vous assure que rien n'est plus probable. Il s'agit d'une jeune Turque fort belle, fort riche, qui ne dit pas un mot de français. Avant de me décider, je désire avoir votre avis.

Et continuant de la sorte, il débitait folies sur

folies, jusqu'à ce que tout d'un coup, redevenu grave, il abordât les questions d'art les plus élevées, d'une façon supérieure.

Habitué aux manières extravagantes de son ami, Raymond ne s'étonnait pas. Marthe, elle, s'inquiétait toujours quelque peu de ces brusques changements d'humeur dont elle pensait savoir la cause. Assise près de la lampe, la tête baissée sur son ouvrage, elle observait les écarts de cet esprit malade avec quelque compassion, et levait de temps en temps sur Jacques un regard dont la sérénité et le calme devaient être pour lui le plus salutaire remède.

Les visites de M. Dornand ne durèrent pas. Il rentra bientôt dans l'existence folle et dissipée qu'il avait toujours menée.

Pour remplir les heures qu'elle avait autrefois consacrées à sa belle-mère, la jeune femme reprit ses habitudes de travail. Sa maison l'occupait davantage depuis qu'elle n'avait qu'une seule bonne. A la suite de la mort de Mme Chamblay, la vieille Françoise s'était retirée dans son pays, avec une petite pension que lui avait laissée sa maîtresse.

Bien que Claudie fût devenue sous son habile direction une bonne domestique, Marthe se voyait souvent obligée de l'aider dans les détails d'intérieur. Elle s'était imposé le devoir de se procurer elle-même les provisions nécessaires au ménage, et réalisait ainsi de sérieuses économies. Sans donner, comme jadis, des dîners coûteux, elle reprenait peu à peu ses réceptions intimes et réunissait à sa table, une fois par semaine, les quelques familiers de la maison.

M. et Mme Émery étaient de ce nombre. Tante Cyprienne et tante Eudoxie étaient mortes à quelques jours de distance. Geneviève et Juliette mariées, il ne restait plus qu'Hélène avec M. et Mme Émery. La jeune fille, fidèle à son vœu de célibat, demeurait chez ses parents, qu'elle ne pouvait se décider à quitter. Professeur de dessin à la ville, Hélène avait en outre de nombreuses élèves particulières; de plus, tous les ans elle exposait des toiles qui étaient fort appréciées des vrais amateurs, et qu'elle vendait avantageusement. Tout cela lui constituait une situation indépendante qui lui permettait de fournir au ménage le superflu, « cette chose si nécessaire ».

Mme Émery était pour Marthe une précieuse amie avec qui elle pouvait parler de sa mère, et, pendant les absences d'Hélène, elle se promettait de tenir compagnie à cette pauvre femme, dont la santé était toujours chancelante.

Juliette habitait depuis six mois une ville de

province, où son mari, M. Lefort, avait été
chargé d'exécuter des travaux importants. Son
séjour dans cette ville devait se prolonger jusqu'à la fin de l'année, et c'était pour Mᵐᵉ Émery
une réelle privation d'être séparée de Juliette,
dont la tendresse filiale s'était encore accrue
depuis son mariage.

CHAPITRE XXIV

UN SÉJOUR AU BORD DE LA MER.

Les chaleurs prématurées du mois de juin de cette année-là fatiguèrent beaucoup Marthe. Il ne pouvait être question d'aller à la campagne, puisque Vauglard était loué encore pour un an, et que les occupations de M. Chamblay ne lui permettaient pas de quitter Paris. Dissimulant de son mieux le malaise qu'elle éprouvait, la jeune femme continuait à vivre comme à l'ordinaire, et partageait son temps entre l'étude, les soins du ménage, les obligations mondaines et ses devoirs de charité. Habituée dès l'enfance à utiliser toutes les heures de la journée, elle ne restait jamais un seul instant oisive. Pourtant, depuis quelques jours, elle se sentait si lasse, qu'il lui arrivait parfois de laisser tomber l'ouvrage ou le livre qu'elle tenait à la main, et de fermer les yeux malgré elle.

Par un après-midi orageux, où elle se sentait particulièrement accablée, elle s'étendit sur le canapé et s'endormit. Raymond, en rentrant, fut surpris de la voir ainsi; il s'arrêta silencieusement devant elle, et la considéra avec attention. Le visage de Marthe, si gracieux et si animé lorsqu'elle parlait, prenait, au repos, une expression de fatigue que le jeune homme n'avait pas remarquée jusqu'alors. Cette pâleur, ces traits altérés alarmèrent Raymond. Il s'assit doucement près d'elle sur une chaise basse, et contempla avec amour la chère créature.

Elle se réveilla sous le regard pénétrant de son mari. Souriant aussitôt, elle voulut s'excuser et se lever; mais Raymond, la retenant :

— Tu souffres, ma chérie? demanda-t-il, anxieux.

— Pas du tout, dit Marthe, dont la physionomie reprit sa gaieté ordinaire. La chaleur me fatigue un peu, voilà tout.

— Écoute, mon enfant, reprit Raymond, qui depuis quelques minutes semblait réfléchir. J'ai une proposition à te faire. Pendant tout un mois j'aurai beaucoup de loisirs, je puis donc t'emmener pour trois ou quatre semaines au bord de la mer. Que dis-tu de ce projet?

Marthe sauta au cou de son mari.

— Quel bonheur! s'écria-t-elle joyeusement. Moi qui adore la mer et qui n'y suis allée qu'une fois, étant petite; tu juges si j'accepte avec plaisir!... Mais, ajouta-t-elle avec quelque hési-

tation, ce voyage ne sera-t-il pas trop coûteux
pour nous ?

— Non, ma chérie, répondit Raymond ; rassure-toi. Nous le ferons d'une façon très modeste ;
tu ne tiens pas plus que moi à aller sur une plage
à la mode. Nous trouverons en Bretagne un
petit coin retiré où nous vivrons simplement et
où nous pourrons nous livrer en toute liberté à la
contemplation de la mer.

Marthe voulut chercher immédiatement sur
l'Indicateur la station que l'on choisirait. Raymond décida avec elle qu'ils iraient plus loin que
Paramé, là où se trouvent encore des plages
ignorées.

Les préparatifs furent faits promptement ; il
n'y avait pas à s'occuper de toilette, ce qui était
un grand soulagement pour la jeune femme. On
emballa le strict nécessaire, et deux jours après
on ferma la maison pour un mois ; Claudie suivit
ses maîtres. M. et Mᵐᵉ Chamblay comptaient
louer quelque cabane de pêcheur et prendre leurs
repas chez eux.

Le voyage s'accomplit sans incident. Après
une nuit passée en chemin de fer, on arriva
à R..., à huit heures du matin. Ce petit pays,
aussi primitif que possible, ne possédait pas un
seul hôtel. M. et Mᵐᵉ Chamblay laissèrent leurs

malles en gare sous la surveillance de Claudie et descendirent dans l'unique auberge du village.

L'aubergiste était un petit homme brun, d'allures sautillantes, en costume de paysan, qui s'avança vers eux l'œil souriant, l'air empressé, en leur demandant ce qu'il y avait pour leur service. L'auberge n'était qu'une grande cuisine dont la vaste cheminée pouvait abriter plusieurs personnes. Des tables de bois, autour desquelles étaient rangés des bancs semblables à ceux qui se trouvent dans les écoles, des armoires vitrées contenant des plats à fleurs, formaient tout le mobilier de cette pièce, où l'on entendait le tic-tac régulier d'un coucou suspendu près d'une fenêtre. Raymond fit asseoir sa femme sur un banc et pria le paysan de lui indiquer ce qu'il y avait à louer dans le pays. Le bonhomme commença par dire qu'il n'y avait rien que des cabanes de pêcheurs, indignes de recevoir une belle dame. Marthe le rassura et lui affirma qu'elle se contenterait d'une installation très simple.

— Attendez donc, fit-il en se frappant le front, il y a la maison à la mère Plachot qui est sur la plage, en vue de la mer ; la Marianne vous louera ben tout de même en se réfugiant dans son grenier. Sa maison est la plus prop' du village. C'est quasiment richement meublé et madame y sérions pas mal tout de même.

— Il me semble que cela fera parfaitement l'affaire, interrompit M. Chamblay, qui prévoyait que les explications allaient être longues, et vous nous rendriez service en nous y conduisant.

— Je le ferions ben volontiers, si je pouvions quitter la maison, mais mon gars va vous y mener.

Le garçon désigné était un gros joufflu à cheveux roux, d'une douzaine d'années, qui, sur un signe de son père, se leva de l'escabeau où il était assis. L'aubergiste lui expliqua ce qu'il avait à faire et le petit gars partit, précédant les époux Chamblay vers la demeure de Marianne Plachot.

C'était à quelques minutes de là. Plantée toute seule au bout de la plage de R..., la maisonnette de la Marianne avait un petit air propret qui contrastait avec les autres maisons de pêcheurs. Sur le seuil de la porte ouverte, se tenait une femme d'une quarantaine d'années, au teint hâlé, qui raccommodait des filets. Trois petits enfants jouaient autour d'elle. A l'arrivée de M. et Mᵐᵉ Chamblay, la femme se leva et, d'un air avenant, leur proposa d'entrer.

Après avoir échangé avec le petit garçon de l'aubergiste quelques mots en patois, la mère

Plachot, car c'était elle, fit asseoir les voyageurs.
Raymond donna une pièce de monnaie à l'enfant,
qui repartit en courant. Puis, s'adressant à la
pêcheuse, il lui expliqua ce qui l'amenait et lui
demanda si elle voulait lui louer sa maison et
quelles seraient les conditions. Elle acquiesça
immédiatement à la proposition qui lui était faite
et répondit qu'on s'arrangerait toujours si, après
l'avoir visité, le local convenait.

Ce ne fut pas long à examiner; la maisonnette
se composait d'une grande cuisine, d'une chambre à coucher et de deux petits cabinets attenant
à la cuisine. Cette dernière pièce servait à la fois
à la pêcheuse de salon, de salle à manger et de
cuisine. Les carreaux rouges qui tenaient lieu de
plancher étaient propres et luisants. La batterie
de cuisine, sommaire, était accrochée symétriquement sur un mur blanchi à la chaux. Un peu
plus loin, des plats de vieille faïence s'alignaient
sur des planches à rebords; une horloge à long
balancier s'encadrait entre deux armoires, dont
l'une contenait le pain de la semaine et dont
l'autre renfermait le linge de la maison.

— Vous pourriez peut-être manger ici? dit la
bonne femme aux deux jeunes gens, car elle
n'était pas sans éprouver un certain orgueil en
montrant cette cuisine, dont elle était très fière.

— Sans doute, c'est très bien, répondit Marthe, qui se réservait d'agir à sa guise.

Et elle entra dans la chambre, beaucoup moins richement meublée que la cuisine. Un grand lit à rideaux de serge verte, une table en bois blanc, un buffet à hauteur d'appui tenant tout un panneau et des chaises de paille, c'était tout. Une chose frappa les regards des visiteurs : une quantité innombrable de soupières de même forme, de même grandeur et de même faïence à fleurs, ornaient le dessus de ce buffet.

Marthe, étonnée, s'avança et, prenant une de ces soupières qu'elle découvrit :

— A quoi servent toutes ces soupières, madame? demanda-t-elle.

La pêcheuse regarda Marthe avec une profonde surprise.

— C'est pas pour servir, répondit-elle, c'est joli.

Cette décoration est celle que préfèrent les habitants de certaines petites plages. Le nombre de soupières détermine le degré d'aisance d'une maison. Raymond et Marthe se déclarèrent très satisfaits du résultat de leur inspection et conclurent sur-le-champ le marché avec la propriétaire, qui demanda la permission de transporter sa garde-robe dans son grenier.

Des trois enfants qui avaient suivi pas à pas
les voyageurs, un seul appartenait à la Marianne;
une petite fille de neuf à dix ans, rose et blonde,
qui boitait sensiblement. «Une affligée», comme
on disait dans le pays.

Le déménagement ne fut pas long, le grenier
étant toujours préparé pour ces éventualités.
Tandis que leur hôtesse transférait ses hardes à
l'étage au-dessus, Marthe et Raymond allèrent
prendre Claudie et ils firent transporter leurs
bagages chez eux. Cette première journée fut
consacrée à l'installation et au repos. Pourtant,
ils ne purent s'empêcher d'aller contempler la
mer. Ils n'en étaient séparés que par une digue
qui dominait une plage en pente douce.

Malgré la fatigue du voyage, il semblait à
Marthe que ce bon air salin lui rendait déjà des
forces. Elle insista pour passer une heure assise
sur le sable, bien que Raymond eût préféré
qu'elle rentrât. Lui-même, au bout de quelque
temps, se sentit pénétré de ce bien-être que pro-
duisent le calme et le silence de la campagne
lorsqu'on vient de quitter l'atmosphère fiévreuse
de la ville.

Ils s'absorbèrent tous deux dans la contemplation de l'immensité, bercés par cette musique
de la mer, qui captive et qui apaise.

Il fallut pourtant s'arracher à cette fascination. La fraîcheur de la soirée les rappela à eux et ils rentrèrent.

Claudie avait préparé une collation composée de ce que l'on avait trouvé dans le pays et des provisions que Marthe avait eu la précaution d'emporter pour parer aux premières nécessités. Ce repas fut servi dans un des cabinets attenant à la cuisine, lequel avait été transformé en une petite salle à manger. L'autre était destiné à Claudie.

Ce séjour à la mer fut pour les deux époux une douce période d'intimité.

Après le déjeuner du matin ils partaient souvent en promenade et, traversant les petits villages qui se trouvaient dans la campagne, ils cheminaient gaiement comme deux écoliers en vacances. Parfois ils rencontraient des pêcheuses de crevettes, les jambes nues, couvertes de haillons dégouttant d'eau de mer, avec leurs filets sur l'épaule, qui leur offraient leur butin du jour.

Rien n'amusait Marthe comme d'acheter elle-même la pêche de ces bonnes femmes et de rentrer à la maison pour faire cuire ses crevettes. Elle savait par expérience que les domestiques n'ont pas pour ces choses délicates les soins qu'elles réclament [1].

1. La première condition à remplir pour obtenir un bon ré-

C'était le régal de Raymond d'avoir à son déjeuner un plat de crevettes ainsi préparées par sa femme. Il les mangeait bouillantes avec du beurre frais.

Leur nourriture se composait en partie des poissons que l'on prenait journellement sur la plage. Comme presque tous les Parisiens en voyage, ils désiraient changer leurs habitudes et profiter des ressources du pays où ils se trouvaient.

Depuis son arrivée, Marthe souhaitait vivement assister à une grande pêche. On s'entendit avec le patron d'un bateau et l'on choisit un jour calme où il n'y eût pas à craindre un changement de temps à l'heure de la marée montante.

Raymond et sa femme s'embarquèrent, à l'heure où la mer commençait à descendre, sur le bateau où trois robustes matelots devaient jeter le filet.

Malgré les prévisions de ces hommes, habitués à annoncer le temps, le vent s'éleva et des nuages obscurcirent l'horizon quelques heures après le départ.

Ainsi qu'il arrive sur toutes les plages où il

---

sultat, c'est que les crevettes soient vivantes et que l'eau dans laquelle on les fait cuire soit de l'eau de mer. Il faut encore que cette dernière soit salée et poivrée, et, lorsqu'elle bout, on y plonge les crevettes, que l'on retire dès qu'elles sont rouges, c'est-à-dire au bout de quelques minutes. Lorsqu'elles sont posées sur une assiette, on les saupoudre encore de poivre.

n'y a pas de port, les grands bateaux de pêche
restent ensablés à distance du rivage, partent à
la mer montante, et rentrent s'échouer à la mer
basse. Il n'est pas possible de revenir entre deux
marées, à moins que le temps ne soit très calme.
Mais ce n'était pas le cas. Le vent soulevait les
vagues et la mer grossissait de plus en plus ; les
mouettes, s'enfuyant avec leur cri strident, ra-
saient les vagues qui se gonflaient et impri-
maient à la barque des mouvements désor-
donnés. Raymond, s'adressant au patron, lui
demanda s'il ne pouvait se rapprocher du rivage.

— J'y tâche, répondit le matelot, mais le bateau
est trop lourd pour aborder. Il faudrait passer
dans la petite barque.

Et il montrait un esquif amarré au bateau.

— Si madame n'a pas peur, on pourra essayer
la manœuvre.

Malgré le sang-froid des marins, il était aisé
de lire une certaine inquiétude sur leur visage
bronzé. Raymond consulta Marthe à voix basse.
La jeune femme, calme et résolue, accepta la
proposition qu'on lui faisait. Le patron fit mettre
la petite embarcation à la mer, et la maintint
par le câble qu'on avait détaché.

Le transbordement était périlleux, car la mer
était si houleuse, que chaque vague séparait les

deux bateaux et que quand l'un était au haut
de la lame, l'autre se trouvait en bas. Un des
matelots sauta d'abord et Raymond le suivit de
près. Au risque de se noyer, le patron se chargea
de Marthe, qu'il prit dans ses bras robustes et
qu'il tendit du haut du pont à M. Chamblay, en
se penchant complètement au-dessus de la petite
barque. Le sauvetage s'accomplit sans accident,
et le canot se rapprocha peu à peu de la côte,
poussé par le vent et conduit à l'aviron par le
matelot qui accompagnait M. et Mme Chamblay.

Le canot fut jeté sur le bord par une dernière
lame, qui en même temps inonda les promeneurs.
En se retrouvant sur le sable, Marthe se mit à
rire de l'aventure ; quoique trempée jusqu'aux
os, elle était enchantée de son excursion, qui lui
avait procuré des émotions diverses.

— Je suis bien aise, dit-elle à son mari, d'avoir
été en pleine mer et d'avoir assisté à un semblant
de tempête. Mais quand je songe à ces pauvres
pêcheurs qui s'aventurent sur un mauvais bateau
pour gagner leur pain, cela m'attriste.

— C'est, en effet, un affreux métier, fit Raymond, qui avait déjà remarqué le nombre de maisons dont les hommes étaient disparus. De plus,
le poisson devient rare et les profits minimes.

Avec tout cela, tu n'as pas vu jeter les filets comme tu le désirais, ma pauvre enfant.

— Nous y retournerons quand tu le voudras, dit Marthe. En attendant, nous voici à la maison, il faut nous hâter de changer de vêtements.

Elle fit mettre dans la grande cheminée de la cuisine un fagot de sarment et devant cette flambée, après avoir mis d'autres vêtements, ils vinrent se réchauffer pendant quelques instants.

Un de leurs grands plaisirs était d'aller le matin, à marée basse, sur les rochers, prendre des coquillages. Les crabes se sauvaient dans les flaques d'eau et allaient se cacher sous les roches.

— Oh ! les vilaines bêtes ! elles ressemblent à des araignées ! — l'araignée était la bête noire de Marthe. — Je ne comprends pas que tu aies le courage de les prendre ainsi, disait-elle en s'écartant de son mari, qui ramassait les petits crustacés pour les mettre dans un filet qu'il avait apporté.

— Mais tu admets qu'on les mange, fit en riant Raymond.

Et les jeunes gens continuaient leur course, sautant de pierre en pierre jusqu'à ce que la mer vint les chasser de là. On rentrait déjeuner. Claudie jetait les crabes dans l'eau de mer salée et poivrée, et en sept minutes les araignées de mer, devenues rouges, étaient placées sur la table.

Après le repas, venait l'heure de la correspondance. Le courrier dépouillé, on répondait aux lettres reçues, on lisait les journaux, et l'on repartait pour de nouvelles excursions. C'était la première fois, depuis leur voyage de noce, que les deux jeunes époux se trouvaient seuls. Tout en conservant le pieux souvenir de sa belle-mère, Marthe jouissait pleinement de cette liberté qu'elle n'avait jamais eue depuis son mariage. Dégagé momentanément des soucis d'affaires, Raymond était un tout autre homme ; il redevenait gai, jeune et plein d'entrain. Marthe se sentait si heureuse, qu'elle eût voulu que cette douce existence à deux pût durer toujours.

Ils étaient les seuls Parisiens qui se trouvassent sur cette petite plage ignorée. On les remarquait pour leur distinction et leur bonne grâce, et aussi pour la parfaite union dans laquelle ils semblaient vivre. Ils se faisaient aimer de ces pauvres pêcheurs, à qui ils prodiguaient l'aumône de leur bourse et de leur cœur. Au sortir de la petite église où ils allaient entendre la messe le dimanche, ils causaient avec tous ces braves gens, qu'ils connaissaient déjà par leurs noms.

Un vieux pêcheur qui venait de perdre son fils à la mer et qui était atteint d'une paralysie, laquelle le tenait cloué sur son lit, était l'objet de la sollicitude particulière de Marthe. Elle lui portait elle-même des fruits et des douceurs, et lui témoignait une commisération qui lui faisait prendre son mal en patience. Sa belle-fille, qui venait de temps en temps prendre de ses nouvelles, s'étonnait et s'extasiait de voir la belle madame s'asseoir familièrement au chevet du malade et causer avec lui d'une façon si affectueuse.

Le vieillard suivit son fils de près et mourut à quelque temps de là.

Cet homme laissait derrière lui sa belle-fille avec sept enfants. La petite pension qui s'éteignait avec lui enlevait à cette famille ses dernières ressources. Dans l'impossibilité où elle était de secourir ces gens à elle toute seule, Marthe écrivit à Jacqueline et à Geneviève en les priant de l'aider dans cette bonne œuvre. L'état de dénuement dans lequel elle avait trouvé ces pauvres enfants était navrant. Ils couchaient par terre, dans des sacs, sans matelas ni couvertures, et n'avaient, la plupart du temps, pour se nourrir, que des croûtes que leur mère allait glaner de côté et d'autre et dont elle leur faisait quelquefois de la soupe. Ils marchaient pieds nus, vêtus de haillons qui les couvraient à peine.

Marthe réquisitionna du linge auprès de Gene-

viève, dont les armoires, comme toutes celles de
province, étaient surabondamment garnies, et
de l'argent auprès de Jacqueline, dont la bourse
était inépuisable. Elle reçut bientôt de Mme Barville un ballot contenant un stock de vieux draps,
de chemises, de serviettes, et de Mme de Moissart
un chèque dans un billet ainsi conçu : « Je t'envoie, ma bonne Marthe, un subside pour tes pro-
tégés. Voilà encore des gens qui, grâce à toi,
seront sauvés !... Il est dit que tu triompheras
toujours dans tes entreprises. Je renonce au divorce. Es-tu contente ? »

Marthe procéda elle-même à la distribution
des secours qu'elle apportait à cette malheureuse
famille. Avec une partie de l'argent qui lui avait
été adressé, elle acheta l'indispensable et remit
au curé la somme restante afin qu'il la donnât au
fur et à mesure des besoins.

Le départ de M. et Mme Chamblay était fixé à la
semaine suivante. On convint d'envoyer Claudie
deux jours à l'avance afin que l'appartement fût
préparé à l'arrivée des maîtres. Marthe se chargea
de faire la cuisine pendant ce temps. La mère
Plachot offrit ses services à sa locataire, qui
accepta. Mme Chamblay apprit d'elle à accommoder
le poisson à la façon des pêcheuses : les gros rou-
gets, par exemple, sont excellents cuits dans un

court-bouillon d'eau de mer, auquel on ajoute des pommes de terre entières et épluchées. Puis on fait chauffer, dans une poêle, du beurre qu'on laisse noircir et dans lequel on saute le poisson et les pommes de terre, qui ont été, au préalable, coupées par tranches minces. On ajoute un filet de vinaigre et l'on sert chaud.

Marthe se promit de garder cette recette pour Paris. La veille de son départ elle reçut la visite de quelques habitants du pays, qui lui exprimèrent leur désir de la revoir l'année suivante.

Une des petites filles de la pauvre famille qu'elle avait secourue vint lui offrir un bouquet. C'était une enfant de sept à huit ans, avec des cheveux d'un blond filasse et des grands yeux ronds un peu naïfs. Elle commença un discours qui, évidemment, lui avait été soufflé par sa mère, et dans lequel elle remerciait Mme Chamblay de ses bontés. La mémoire lui faisant défaut, elle resta au beau milieu, bouche béante. Marthe l'embrassa et lui donna des bonbons. Mais l'enfant ne s'en allait pas.

— Veux-tu quelque chose, ma petite ? lui demanda Mme Chamblay.

— Oui, répondit la petite fille.

Et, dans son langage enfantin, avec son accent traînard, elle ajouta :

— Je veux aller à Paris avec vous. Voulez-vous m'emmener, madame ?

— T'emmener, ma pauvre petite, fit Marthe étonnée, mais tu voudrais donc quitter ta maman ?

— Oui, dit l'enfant d'un signe de tête.

— Pourquoi veux-tu venir à Paris ?

— Parce que maman m'a dit qu'avec vous j'aurai toujours des belles robes et que j'irai toujours en carrosse.

Raymond, qui entrait sur ces mots, éclata de rire.

— Sa mère l'a bien stylée, cette petite, dit-il à sa femme, qui riait aussi.

— Non, mon petit chat, je ne t'emmènerai pas à Paris, dit Marthe en reconduisant l'enfant, il faut que tu restes avec ta maman et que tu sois bien sage et bien travailleuse. Il n'y a pas de belles robes, il n'y a pas de carrosses à Paris, tu diras cela à ta maman.

CHAPITRE XXV

RETOUR AUX CHAMPS.

Une grande joie était réservée à Marthe. Dans l'année qui suivit ce voyage, elle eut un fils.

« La femme, a dit Balzac, n'est dans sa véritable sphère que lorsqu'elle est mère ; elle déploie alors seulement ses forces ; elle pratique les devoirs de sa vie, elle en a tous les bonheurs et tous les plaisirs. »

C'est, en effet, dans la maternité que la femme satisfait absolument cette passion de dévouement qui remplit son âme. L'enfant est pour elle le complément du bonheur.

L'arrivée du petit Jean fut donc une félicité de famille à laquelle s'associèrent M. et Mme Lucien Barville, désignés pour être le parrain et la marraine du fils de Marthe.

Un grand conseil avait eu lieu entre les deux époux, quelque temps avant la naissance du baby, au sujet du choix des amis qui tiendraient l'enfant sur les fonts baptismaux et du nom à lui donner.

Mme Chamblay ayant proposé Geneviève pour

marraine et pour parrain le père de celle-ci, Raymond avait refusé M. Émery à cause de son âge.

— On désire, dit-il, assurer à l'enfant des pro-
tecteurs pour le cas où les parents viendraient à
lui manquer ; je trouve donc inconséquent l'usage
établi de lui donner ses aïeuls pour parrain et
marraine.

— Tu as raison, répondit Marthe. Eh bien,
prenons le mari de Geneviève. De la sorte, les
choses seront simplifiées.

— Au reste, ce choix me convient d'autant
mieux, que je considère Lucien comme un très
honnête homme et un brave cœur.

Quant au choix du nom, il fut discuté avec la
sérieuse gravité que comporte une chose d'importance. Raymond souhaitait un fils et voulait
l'appeler Jean ; Marthe ne s'opposait pas à cela,
mais elle admettait la possibilité d'avoir une fille
et désirait la nommer Raymonde. M. Chamblay
ne voulait pas entendre parler d'une fille.

L'événement justifia les prévisions de Raymond, car ce fut un fils, auquel on donna les
noms de Jean-Raymond-Lucien, M. et Mᵐᵉ Lucien
Barville ayant accepté la mission dont on les
chargeait.

Depuis qu'il était père, de nouveaux plans
germaient dans l'esprit de Raymond. Les affaires

qui absorbaient autrefois sa vie ne l'intéressaient
plus autant. Toute l'énergie qu'il avait déployée
jusqu'alors pour faire fructifier ses idées au profit
de la science n'avait abouti qu'à un désastre
financier et à des déboires de toutes sortes. Sa
situation s'était améliorée, mais il ne se faisait
plus d'illusions, il ne pourrait jamais reconquérir
la position perdue.

L'honneur était sauf. Grâce aux prodiges d'activité, d'intelligence, d'énergie de Marthe, le
ménage avait gardé l'apparence de la fortune.
La jeune femme avait su *paraître ;* pour arriver
à cela, elle avait usé, non pas de cette économie
avare qui est souvent stérile, mais d'une économie dépensière, si l'on peut dire, qui souvent
est fructueuse. Elle avait habilement entretenu
les relations par où s'assure et s'accroît la considération. Raymond estimait qu'il pouvait disparaître de la vie publique sans avoir l'air de
déchoir.

Ce n'était pas le repos qu'il cherchait en son-
geant à s'isoler ainsi du monde ; la naissance de
son fils lui commandait, au contraire, de travailler plus que jamais et de redoubler de courage.
Étant tout jeune, il avait hésité, aimant beaucoup
la campagne, entre les études spéciales qui l'y
eussent fait vivre et celles qui l'avaient poussé

dans le monde savant. Il se sentait repris de son ancienne passion pour les travaux agricoles, lesquels, selon lui, devaient amener moins de mécomptes.

Les deux petites fermes entourant sa propriété de Vauglard pouvaient être adjointes au parc et aux terres improductives qui l'avoisinaient. Le tout réuni et bien aménagé constituerait une exploitation d'une certaine importance. La raison supérieure qui le décidait à prendre ce parti était celle des économies que l'on réaliserait. D'après ses calculs, cette exploitation, bien administrée, devait rapporter, dès le début, de quinze à vingt mille francs. Il trouverait, pour l'aider de ses conseils, un homme capable, M. Tachy, et pour le seconder comme régisseur, Baptiste, le jardinier de confiance qui gardait Vauglard.

Une seule chose l'arrêtait, c'était la pensée que Marthe pourrait en souffrir et regretter, en se retirant pour toujours à la campague, la vie mondaine qu'elle avait menée à Paris. Il se réserva de s'en ouvrir à elle sans rien affirmer. Dès les premiers mots elle l'interrompit :

— Tu vas au-devant de mes désirs, lui dit-elle vivement ; je songeais, depuis la naissance de ce cher petit poupon, qu'il serait bien meilleur pour lui que nous pussions habiter la campagne, mais

je n'osais t'en parler, de peur de me heurter à
une impossibilité.

Raymond, heureux de l'adhésion de sa femme,
lui expliqua ce qu'il comptait faire et les raisons
qui l'avaient déterminé à agir ainsi :

— Je craignais un peu de trop t'isoler du monde,
ma chérie ; c'est ce qui me faisait hésiter.

L'isoler du monde ! Le monde n'était-il pas,
pour Marthe, dans ce cher intérieur où vivaient
les êtres qu'elle aimait ? Avec quelle joie elle
immolait à son enfant les plaisirs de la vie parisienne, avec quel amour elle entrait dans ce rôle
à la fois si austère et si doux qui allait l'éloigner
du monde pour longtemps !

Marthe était bien la femme chrétienne telle que
l'a dépeinte un apôtre de nos jours[1] : « Son amour
s'empresse autour du berceau qui vient de recevoir le nouveau-né. Son cœur lui dit que l'heure
est venue de se sacrifier. La vraie mère n'est
point comme ces femmes sans cœur qui se hâtent
de se débarrasser sur des étrangères de tout ce
qu'il y a de pénible et de rebutant dans les soins
de la maternité, pour ne pas gâter leur fraîcheur
et pour être plus tôt libres de reprendre le train de
leur vie mondaine. C'est de sa propre vie qu'elle
veut nourrir le fruit de sa vie ; c'est de ses pro-

1. Le R. P. Monsabré.

pres mains qu'elle veut le soigner et le bercer.

. . . .

« Les défaillances de l'âme, comme celles de la
santé, sont trop souvent dues à l'immoralité des
soins mercenaires auxquels les femmes abandon-
nent leurs enfants en bas âge. Si la mère chrétienne cède parfois à l'impérieuse nécessité qui
l'oblige à partager son amoureux office, elle n'y
renonce pas. Ses yeux et son cœur veillent toujours et sur tout. Il n'y a pas à s'y méprendre,
c'est elle qui est mère. »

. . . .
. . . .

On était au commencement du mois d'août.
Tandis qu'autour de nombreuses meules de foin,
capricieusement échelonnées dans la plaine, les
faucheurs se reposaient au coucher du soleil,
que, d'autre part, les laboureurs ramenaient leurs
bœufs à l'étable, que les bergers rentraient leurs
troupeaux, que les vaches traversaient à pas
lents les prairies semées de fleurettes blanches, que les fermes reprenaient leur aspect vivant, un homme, d'apparence jeune encore, de
tournure élégante sous son costume de chasseur
campagnard, descendait lentement le perron
d'une habitation qui dominait des bâtiments de
construction plus récente. C'était l'heure où, cha-

que jour, quelques soins de surveillance l'appelaient parmi les gens de service. M. Chamblay — le lecteur l'a reconnu — avait réussi au-delà de ses espérances dans l'exploitation agricole qu'il avait fondée. Aidé de Baptiste, ce fidèle serviteur qui était à la fois régisseur et intendant des fermes, Raymond tirait de sa propriété un revenu considérable.

Depuis qu'il habitait Vauglard, la misère avait disparu du pays, et personne ne se plaignait plus de son sort. Non seulement Raymond continuait à aider de sa bourse les malheureux, mais il faisait mieux encore, il leur procurait du travail, leur donnait de bons exemples et d'utiles leçons d'agronomie; il tentait, sur ses terres, de grands essais pour en faire profiter les petits cultivateurs; il répandait l'aisance autour de lui, et le faisait avec la simplicité d'un grand cœur.

Les travaux champêtres ne l'empêchaient pas de demeurer l'homme distingué d'autrefois. Il rentrait — après avoir donné ses ordres au dehors, et accompli sa tâche de *gentleman farmer* — et retrouvait avec une véritable satisfaction son intérieur élégant et cette vie de famille que Marthe rendait si attrayante.

Elle était, comme jadis à Paris, toujours levée la première; on la voyait tous les matins, fraîche

et alerte, trotter pendant une ou deux heures, un
gros trousseau de clefs à la main, allant de la
cave au grenier pour tout régler et tout ordonner
elle-même.

Claudie, qui était devenue sous sa direction
une excellente cuisinière, remplissait ses fonctions avec le zèle et la fidélité qu'ont presque toujours les domestiques pour de bons maîtres.

Marie, la fille de Baptiste, assistait Mme Chamblay dans les soins qu'elle donnait à sa jeune famille, laquelle s'était accrue d'une petite fille,
dont M. et Mme Tachy étaient les parrain et marraine, et qui s'appelait Raymonde, du nom de
son père.

La mère Baptiste, femme de confiance, tenait
dans l'intérieur un emploi aussi important que
celui de son mari au dehors. Elle surveillait et
gardait les enfants, lorsque Marthe était forcée
de s'éloigner d'eux.

Car Mme Chamblay aidait son mari pour les
écritures qui concernaient l'administration de la
maison, et c'était également sur elle que reposait le soin des distributions de bienfaisance.
Elle avait une pharmacie, une armoire pleine de
linge, et des secours de toute nature à la disposition des malades qui venaient à elle, certains
d'être assistés et consolés.

Elle habituait son fils Jean, âgé de trois ans, à donner de ses petites mains l'aumône à tous ceux qui se présentaient; et l'enfant suivait si bien l'impulsion maternelle, qu'il lui arrivait maintes fois de se priver spontanément d'un gâteau, d'une friandise qu'il se proposait de manger, pour l'offrir à un passant.

La petite Raymonde, qui commençait à peine à marcher, se contentait, elle, de faire la joie de ses parents par ses jolis sourires, sa mine de prospérité, ses épaules, ses jambes blanches et potelées.

Après sa tournée du matin, Marthe procédait à la toilette des enfants; elle avait un peignoir pour cet usage, sur lequel elle mettait encore un tablier de toile cirée; cela fait, elle baignait les chères petites créatures dans une eau tiède dont elle réglait elle-même la température et, après les avoir bien lavées, nettoyées, elle les habillait pour le déjeuner de midi, le premier moment de la journée qui mît les enfants sous les yeux de leur père.

C'étaient alors des cris de joie, des fusées de rire. On se mettait à table; le silence revenait *à peu près* complet; car Raymond désirait que les enfants fussent sages pendant les repas; lorsqu'ils pleuraient, sur un signe de lui, la bonne les emportait, mais, après le déjeuner, la gaieté renaissait, on jouait, on criait, jusqu'au moment où l'heure du travail sonnait pour les parents.

Le soir, on se réunissait de nouveau dans le salon après le dîner, et les parties recommençaient entre le père et les enfants, tandis que Marthe, souriante, s'occupait auprès d'eux à quelque travail d'aiguille. Puis venait l'heure du coucher; parfois Raymond demandait à assister à la toilette de nuit des enfants, qui se faisait ces jours-là dans le salon. La jeune mère les emportait alors, dans leurs longs vêtements blancs, et, après les avoir endormis, elle redescendait finir la soirée près de son mari. Le lendemain, tout recommençait comme la veille.

Dans cette existence uniforme et paisible, les deux époux goûtaient un bonheur complet[1].

M. et Mme Chamblay ne cherchaient pas à étendre leurs relations. Les deux ou trois familles du voisinage qu'ils fréquentaient, les quelques amis qui venaient les voir de Paris de temps à autre, et parmi lesquels se trouvaient les Émery, Jacques Dornand, M. et Mme de Moissart, leur suffi-

---

1. « La gloire du ménage est précisément dans ce calme, dans cette profonde connaissance mutuelle, dans cet échange de biens et de maux, que les plaisanteries vulgaires lui reprochent. » (Balzac.)

saient amplement. Tous les ans, Geneviève Barville venait, avec sa petite fille, passer quelques
semaines à Vauglard. C'était toujours pour les
deux amies une grande joie de se retrouver ensemble.

La jeune Mme Barville avait pris au sérieux
son rôle de mère. Elle élevait sa petite Andrée
avec une tendre sollicitude et ne trouvait plus un
moment d'ennui dans cette vie de province, à
laquelle elle avait craint de ne pouvoir s'habituer
autrefois. La paix régnait chez elle depuis la
naissance de l'enfant, qui était la véritable maîtresse de la maison. Les grands parents, dont
elle était l'idole, n'avaient plus qu'une volonté :
celle de leur petite-fille. Aussi, Geneviève était-
elle maintenant gaie et expansive comme elle ne
l'avait jamais été.

Quant à Marthe, dans l'atmosphère sereine et
douce qui régnait autour d'elle, sa beauté s'était
épanouie. La gravité, que les années et les
épreuves de la vie lui avaient apportée, donnait
à son visage cette harmonie où la beauté de
l'expression s'unit à la beauté des traits. Elle
avait cette sérénité que donne la paix de l'âme
et le sentiment du devoir accompli, et paraissait,
suivant la belle pensée de Mgr Dupanloup, « em
« bellie par les vertus, ornée de ce je ne sais

« quoi d'exquis, que l'Écriture a vu et admiré
« dans ce qu'elle appelle si bien les femmes
« d'élite, charme ineffable, noble pudeur, grâce
« plus belle encore que la beauté. »

TABLE DES MATIÈRES

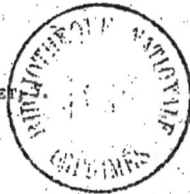

PARIS. — TYPOGRAPHIE A. HENNUYER, RUE DARCET

HENNUYER, IMPRIMEUR-ÉDITEUR
47, RUE LAFFITTE, PARIS.

Une Éducation dans la famille, conseils pratiques d'une mère, par Mᵐᵉ Jules SAMSON. *Couronné par l'Académie française* (prix Montyon). Un volume. Prix : 3 fr. 50.

C'est un livre dédié aux jeunes mères, dans lequel l'auteur traite d'une manière délicate et charmante de l'éducation des filles. Mᵐᵉ Samson a retracé la vie d'une mère qui se consacre exclusivement à l'éducation et au perfectionnement graduel de sa fille, pendant les quinze années que dure cette éducation. Ce n'est ni un roman ni un ouvrage pédagogique, c'est en somme une œuvre remarquable qui donne, sans pédantisme et avec une sagesse souriante, les conseils et les idées que lui suggère son expérience. *(Paris.)*

Le Monde et ses usages, par Mᵐᵉ DE WADDEVILLE. *Septième édition*. Un volume petit in-8. Prix : 3 fr. 50.

La famille ; — Du vêtement ; — De l'ameublement ; — Des lettres ; — A l'église ; — Le baptême ; — La communion ; — La sainte cène ; — Le mariage ; — Les visites ; — Des cartes de visite ; — De la table et des dîners ; — De la manière de découper et de servir ; — Des soirées, des bals et concerts ; — A la campagne ; — En voyage ; — Paris et la province ; — Les bains de mer ; — En wagon ; — Des domestiques ; — La chasse ; — Les enterrements et les deuils ; — Le monde ; — La lettre tue, l'esprit vivifie.

Édition espagnole. **La Sociedad y sus costumbres** (arreglada por la señora Faustina SAEZ DE MELGAR). Un volume in-18 jésus, broché, 4 fr. ; relié toile avec plaque or et tranche dorée, 5 fr. 50.

Hygiène pratique à l'usage des familles. *Médecine usuelle*, par le Dʳ LELIÈVRE. Un volume in-18 cartonné. 3 fr. 50.

L'habitation ; — Du vêtement ; — Des soins du corps ; — Des aliments ; — Des exercices du corps ; — Des constitutions, des tempéraments et des diathèses ; — Hygiène du malade alité ; — Soins hygiéniques à prendre dans le cours des maladies ; — Soins hygiéniques à donner dans le traitement des maladies des différentes parties du corps ; — Hygiène du nouveau-né et de la première enfance ; — Conseils aux mères de famille ; — Médecine usuelle ; — Recettes usuelles et hygiéniques.

L'Homme et son berceau, par Lucien BIART. Un volume in-8° grand raisin, illustré de 18 gravures hors texte, dessins de F. Lix, Scott et Jobin. Prix : 7 francs.

M. Lucien Biart s'est proposé, dans cet agréable volume, de mettre à la portée de tout le monde un peu, mais des femmes et des jeunes filles plus particulièrement, comme il le dit dans sa préface, un grand nombre de notions qui ne se rencontrent guère, pour la plupart, que dans des ouvrages défendus contre les indiscrets par l'appareil assez souvent rébarbatif de la science ou de l'érudition... C'est un bon livre, aussi plein d'enseignements pour le public auquel il s'adresse, qu'il est d'ailleurs élégamment écrit.

(Revue des deux mondes)

HENNUYER, IMPRIMEUR-ÉDITEUR, 47, RUE LAFFITTE.

Droits et Devoirs de la femme devant la loi française, par M. N.-M. LE SENNE. Un volume petit in-8º de 440 pages. Prix : 7 francs.

> *La femme française et étrangère :* Mineure, émancipée, majeure, célibataire, mariée, veuve, remariée, commerçante, rôle des femmes dans l'enseignement et l'industrie, protection de l'enfance, la femme propriétaire ou locataire, etc.

Nos Petits Procès (notes sur le droit familier), par M. A. CARRÉ, juge de paix du 1er arrondissement de Paris. *Cinquième édition.* Prix : 3 fr. 50.

> Maîtres et domestiques. — Propriétaires et locataires. — Hôteliers et voyageurs. — Marchands et acheteurs. — Entre voisins. — Au théâtre, etc.

Histoire de la mode en France, par Augustin CHALLAMEL. Un volume grand in-8º, illustré de 21 planches coloriées à la main, d'après F. Lix. Prix : broché, 16 francs.

> L'ouvrage de M. Challamel embrasse toute notre histoire, depuis l'époque gallo-romaine jusqu'à nos jours. C'est une revue complète de toutes les transformations de la mode, revue où la vérité historique est toujours soigneusement respectée, ce qui n'aurait pas besoin d'être dit, car on sait combien l'auteur justement estimé des *Mémoires du peuple français* est un érudit consciencieux.　　(*Le Temps.*)

Faïences et Porcelaines, par Alexis MARTIN. 37 dessins de Schmidt et 195 monogrammes. Un volume petit in-8º. Prix : 3 fr. 50.

Les Reines du chant, par A. THURNER, portraits à l'eau-forte par E. Abot. Un volume in-18 jésus, tiré sur papier de Hollande. Prix : broché, 12 francs.

> Citons un livre qui est assurément un des plus jolis cadeaux qu'on puisse faire à ceux qui s'intéressent à l'art du chant. Ce livre s'appelle les *Reines du chant,* par A. Thurner. Toutes les cantatrices célèbres, depuis plus d'un siècle, depuis Sophie Arnould et Mme Favart jusqu'à Mmes Patti et Krauss, figurent dans ce volume, avec leur biographie et la nomenclature des principales œuvres qu'elles ont créées. L'ouvrage est rempli d'anecdotes, dont quelques-unes complètement inédites. Des portraits à l'eau-forte par E. Abot et un frontispice très élégant par Géry Bichard font de cette publication un véritable bijou artistique digne des reines dont elle est destinée à fixer le souvenir.　　(*Le Temps.*)

En scène, S. V. P., par Paul CÉLIÈRES. *Deuxième édition.* Un volume in-18. Prix : 3 fr. 50.

Entre deux paravents, *scènes et comédies en vers,* par Paul CÉLIÈRES, eaux-fortes de E. Boilvin. Un volume in-18 jésus, imprimé en caractères elzéviriens sur papier de Hollande. Prix, broché : 8 francs.

www.ingramcontent.com/pod-product-compliance
Lightning Source LLC
Chambersburg PA
CBHW050458270326
41927CB00009B/1798